SVEN PETRY

Fürchtet euch nicht

Sven Petry sieht den wesentlichen Grund für das Erstarken rechtspopulistischer Parteien in Deutschland in der Angst vor Freiheit. In seinen Predigten macht er seinen Zuhörern Mut, sich den Herausforderungen unserer Gesellschaft zu stellen, und warnt davor, sich in die Fänge populistischer Parteien treiben zu lassen. Dr. Sven Petry ist Pfarrer in Sachsen und lebt dort mit seinen vier Kindern.

Sven Petry

FÜRCHTET EUCH NICHT

Warum nur Vertrauen unsere Gesellschaft retten kann

Dieser Titel ist auch als E-Book erschienen

Eichborn Verlag in der Bastei Lübbe AG

Originalausgabe
Copyright © 2017 by Bastei Lübbe AG, Köln
Textredaktion: Angela Kuepper
Umschlaggestaltung: Massimo Peter
Satz: hanseatenSatz-bremen, Bremen
Gesetzt aus der FF Tibere
Druck und Einband: GGP Media GmbH, Pößneck

Printed in Germany
ISBN 978-3-8479-0635-3

5   4   3   2   1

Sie finden uns im Internet unter: www.luebbe.de
Bitte beachten Sie auch: www.lesejury.de

Ein verlagsneues Buch kostet in Deutschland und Österreich jeweils
überall dasselbe.
Damit die kulturelle Vielfalt erhalten und für die Leser bezahlbar
bleibt, gibt es die gesetzliche Buchpreisbindung. Ob im Internet, in
der Großbuchhandlung, beim lokalen Buchhändler, im Dorf oder in
der Großstadt – überall bekommen Sie Ihre verlagsneuen Bücher zum
selben Preis.

Fürchtet euch nicht

Für Tabea, Sebastian, Franziska und Tobias

Inhaltsverzeichnis

Und der Engel sprach zu ihnen: Fürchtet euch nicht!
Lukas 2,10

Weihnachten

Vor gut 2000 Jahren wurde in einer kleinen Stadt im Nahen Osten, der biblischen Überlieferung nach in Bethlehem, ein Kind geboren. Das Ereignis seiner Geburt gehört zu den bekanntesten Erzählungen der Menschheitsgeschichte: ärmliche Verhältnisse, ein Stall, unklare Herkunft. Alle äußeren Umstände in der Erzählung sprechen gegen die Annahme, dass dieses Kind eine in irgendeiner Form bedeutsame Zukunft haben könnte. Aber mit der Geburt dieses Kindes, das als erwachsener Mann unter dem Namen Jesus von Nazareth bekannt wurde, ist die zentrale Botschaft der Bibel verknüpft. Außenseitern, Menschen vom Rande der Gesellschaft, wird sie als Erstes verkündet: »Fürchtet euch nicht!«

Fast ein Drittel der Menschheit bekennt sich heute zum christlichen Glauben, deutlich über zwei Milliarden Menschen, Tendenz steigend – nur nicht dort, wo Christen derzeit so gut und so sicher leben können wie noch nie und nirgends sonst auf der Welt. Ausgerechnet im sogenannten Abendland, das aller Säkularisierung zum Trotz bis heute unübersehbar christliche Wurzeln hat, auch wenn es sich immer weniger offen als dezidiert »christlich« versteht, geht die Angst um. Ausgerechnet in Europa und den USA wird einerseits nach christlichen Traditionen und Werten gerufen, während andererseits in lange nicht mehr gesehener Weise mit Angst Politik gemacht wird.

Weihnachten 2016 haben hoffentlich auch wieder viele derer den Weg in die Kirchen gefunden, die Angst haben. Jene mit konkreter Angst vor Gewalt und Terror unter dem frischen Eindruck des Anschlags auf den Weihnachtsmarkt am Berliner Breitscheidtplatz am 19. Dezember. Aber auch jene mit eher diffuser Angst vor fremden Kulturen und Religionen, vor der Globalisierung und ihren Folgen. Angst davor, in einem vielleicht nur gefühlten, vielleicht realen Kampf der Weltanschauungen, Ideologien und Orientierungssysteme am Ende unterlegen zu sein, Angst vor den eigenen Selbstzweifeln. Es scheint, als trauten wir unserer eigenen Geschichte nicht mehr. Als hätten viele Menschen in Deutschland und Europa Angst davor, dass der Kern der eigenen kulturellen Tradition nicht länger trägt. Und so geht ausgerechnet im (christlichen) Abendland die Angst um, obwohl die Bibel voller Geschichten von der Befreiung aus der Angst ist. Kaum ein Satz kommt im Buch der Bücher so häufig vor wie dieser: »Fürchte(t) dich/euch nicht!« Von Abraham über Mose und Josua bis zu den Hirten der Weihnachtsgeschichte und dem Apostel Paulus – immer wieder wird er Menschen zugesagt, die an Wendepunkten der (biblischen) Geschichte stehen.

Wendepunkte der Geschichte kann man eigentlich nur im Rückblick bestimmen. Ob die Wahl Donald J. Trumps zum 45. Präsidenten der Vereinigten Staaten von Amerika ein Wendepunkt in der Geschichte der westlichen Demokratien gewesen ist, muss sich erst noch zeigen. Doch bereits das Brexit-Votum über den Austritt des Vereinigten Königreichs aus der Europäischen Union ist als ein Wendepunkt der Geschichte identifiziert worden, und schon im März hatte Volker Kauder in einem Interview mit dem ARD-Morgenmagazin das Jahr 2016 zum »Schicksalsjahr für Europa« erklärt. Man hat freilich den Eindruck, dass inzwischen jedes Jahr zum Schicksalsjahr ausgerufen wird. Zum Jahreswechsel 2014/2015 fand sich dieser Begriff in einem Beitrag von Dirk Schümer für DIE WELT[1] mit Bezug auf das Jahr 2015. Dieser Tage wird er mit Blick auf die anstehenden Wahlen in Frankreich und Deutschland bereits auf das Jahr 2017 angewandt. Die Folgen der Globalisierung, die Flüchtlinge, die anhaltenden Konflikte insbesondere im Nahen Osten, der internationale Terrorismus, die Konfrontation von Freiheit und Fanatismus, die sich immer wieder in Erinnerung rufende Währungskrise, eine offenbar um sich greifende Krise der (repräsentativen) Demokratie, der Klimawandel und die Frage, wie ihm am besten zu begegnen sei – die Anzahl politischer und gesellschaftlicher Scheidewege und damit verbundener grundlegender Entscheidungen scheint zu Weihnachten 2016 fast beliebig groß und erweiterbar zu sein. Auch das, die schiere Vielzahl von Optionen, die damit einhergehenden Veränderungen und inhärenten Fehlermöglichkeiten können Angst machen. Warum aber ist das »Fürchte dich nicht« der Weihnachtsgeschichte einer weit verbreiteten Angst gewichen? Wo kommt diese Angst her? Und was kann die Kernbotschaft der Bibel, die auch zu Weihnachten 2016 in Europa verkündigt, gespielt, gelesen und besungen wird, angesichts der Wendepunkte und Schwellen zu neuen Zeiten sagen, an und auf denen wir vermeintlich oder tatsächlich stehen? Welchen Klang hat die Botschaft der Engel an die Hirten zum Jahresende 2016 und für das Jahr 2017? Inwiefern gilt es uns, dieses »Fürchtet euch nicht!«? Das vorliegende Buch ist Teil meiner Suche nach Antworten.

*»Der Herr ist der Geist; wo aber der
Geist des Herrn ist, da ist Freiheit.«*
2 Kor 3,17

Freiheit und Sicherheit

Im Herbst 1989 stand Europa an einem Wendepunkt. Ein
Jahr zuvor hatten wir die Herbstferien in der DDR verbracht –
Freunde treffen, zur Abwechslung nicht in Ostberlin, sondern
in Weimar. In der Klassikhauptstadt gab es, soweit ich mich
erinnere, genau ein Interhotel, in dem wir als Westler absteigen konnten: das Elephant. Aber selbst dort konnte man auch
gegen Devisen schon so einiges nicht mehr kaufen, einen anderen Fruchtsaft als »Rote Johannisbeere« zum Beispiel.
Ausflugslokale, etwa am Kyffhäuser, waren »wegen Rekonstruktion geschlossen« – und die Schilder, die das verkündeten, längst renovierungsbedürftig. Stillstand und Verfall waren
mit Händen zu greifen. Wie schnell das Land, ja die ganze Welt
in Bewegung kommen würde, ahnten jedoch die wenigsten.

Im Sommer 1989 verfolgten wir gespannt und besorgt die
Nachrichten aus Budapest und Prag. Die Bilder von den Protesten um und kurz nach dem 40. Geburtstag der DDR sah
ich im französischen Fernsehen in einem Pariser Hotel. Am
Abend des 9. November verkündeten eingeblendete Laufbänder auf allen Fernsehkanälen plötzlich den Mauerfall. Etwa

zwei Monate später, am 5. Januar 1990, lief ich dann zum ersten Mal durch das Brandenburger Tor, knapp zwei Wochen nach der Eröffnung der neuen gleichnamigen Grenzübergangsstelle. An zwei Punkten hatte man mehrere Betonsegmente entfernt, und nun ging es im Einbahnverkehr auf der einen Seite von Ost nach West, auf der anderen von West nach Ost. Voll war es. Die Mauer in Berlin war zwar bereits seit fast zwei Monaten offen, aber in den Tagen nach Neujahr nutzten viele Menschen die Gelegenheit, von der neuen Freiheit gebrauch zu machen. An den Löchern im ehemaligen Todesstreifen standen die Grenzpolizisten und drückten wie am Fließband Stempel in Pässe und Ausweise. Was wenige Wochen zuvor peinlichst genau und mehrfach in Augenschein genommen worden wäre, wurde jetzt nach einem flüchtigen Blick auf mein Passbild nach freiem Stempelplatz untersucht.

Mein Kinderausweis, ich war nicht ganz 14 Jahre alt, wurde in dieser ersten Woche des Jahres 1990 in Berlin vollgestempelt. Wir waren als Gruppe unserer Kirchengemeinde aus dem Ruhrgebiet angereist, um die Partnergemeinde in Ostberlin zu besuchen. Lange geplant, wie in den Jahren zuvor. Mit dem Bus, vollgepackt mit Dingen, die in der DDR bis dahin gar nicht oder nur gegen Westgeld zu haben waren. Über die Transitstrecke ging es nach Westberlin, von dort jeden Tag mit Tagesvisa über die Grenze. Heimfahrt immer am Sonntag nach einem Gottesdienst, den die Posaunenchöre beider Gemeinden musikalisch gestalteten und in dem mein Vater als Pfarrer der Gastgemeinde predigte. Vom Predigtmanuskript existierten sicherheitshalber mehrere Kopien. Falls sein Exemplar an der Grenze kassiert worden wäre, hätte er somit auf eines zurückgreifen können, das schon Tage zuvor jemand anders aus der Gruppe mitgenommen hatte. So war es jedes Jahr gewesen, seit 1982.

Im Januar 1990 war alles anders. Was mitgebracht wurde, war beinahe nebensächlich. Viel spannender war es, die neue Freiheit gemeinsam auszuprobieren. Zum Brandenburger Tor spazieren, schnell in den Westen rüber, einfach so, weil es eben ging. Und nach der Rückkehr gab es auch im Osten neue Freiheiten zu entdecken. Als Gruppe junger Leute zwischen 13 und 25 im Café »Unter den Linden« eigenhändig Tische zusammenrücken, damit wir zusammensitzen konnten? Wenige Wochen zuvor hätten wir es nicht gewagt – wenn man uns überhaupt erst hineingelassen hätte. Freiheit lag in der Luft; entlang der Mauer, wo die Mauerspechte tätig waren, war sie hörbar. Zwei Reste des monströsen Bauwerks, damals vor Ort erworben, liegen heute in meinem Arbeitszimmer. Wie mein vollgestempelter Kinderausweis erinnern sie mich an eine Zeit, als »Freiheit« der Begriff der Stunde war.

Heute ist immer noch viel von Freiheit die Rede, insbesondere von den Freiheiten, die genießen kann, wer das Glück hat, in Westeuropa, Nordamerika oder einer Handvoll weiterer Staaten der Erde geboren worden zu sein. Wenn es darum geht, Begriffe zu finden, die das Wesen unserer Gesellschaftsordnung beschreiben, ist die Freiheit erste Wahl. Wenn es um Deutschland geht, wird gerne der Begriff der »freiheitlich-demokratischen Grundordnung« beziehungsweise ihre Achtung bemüht, um zu versuchen, den kleinsten gemeinsamen Nenner gesellschaftlichen Zusammenhalts zu bestimmen. Geht es um Europa oder präziser: um die Europäische Union, werden ihre vier sogenannten Grundfreiheiten[2] aufgezählt, um zu beschreiben, was ihren unaufgebbaren Kern anbelangt.[3]

Praktisch ist in den vergangenen Jahren ein anderer Begriff in den Vordergrund getreten. Er begegnet einem regelmäßig, wenn von der Verteidigung der Freiheit insbesondere gegen tatsächliche oder vermeintliche äußere Bedrohungen gesprochen wird: Sicherheit. Mit dem Ende des Kalten Krieges schien die Sicherheitsfrage im Wesentlichen beantwortet. Nicht lange zuvor, ich mag in der sechsten Klasse gewesen sein, war am Tag nach seiner Fernsehausstrahlung der Film »The Day After« (»Der Tag danach«) in der Schule das Gesprächsthema. 13-Jährige erklärten, in eine solche vom Untergang bedrohte Welt könne man »keine Kinder hineinsetzen«. Dann hatten ein paar Wochen im Herbst 1989 die Welt verändert. Die Angst vor dem Atomkrieg war verschwunden, als Erinnerung kehrte sie noch einmal im August 1991 zurück, als unklar war, welchen Erfolg und welche Folgen der Putsch gegen Michail Gorbatschow haben könnte. Aber das Unsicherheitsgefühl des Kalten Krieges war einem Gefühl der Überlegenheit gewichen: Der »Westen« mit kapitalistischem Wirtschaftssystem und freiheitlicher Demokratie hatte sich gegenüber dem »Osten« mit Planwirtschaft und kommunistischer Diktatur als das leistungsfähigere, das überlegene System erwiesen.

Überlegenheit kann schnell in Überheblichkeit umschlagen. Der Sieg des Kapitalismus über den Kommunismus wurde weithin als Beweis missverstanden, dass der freie Markt und die freiheitliche Demokratie westlicher Prägung die ideale, die geradezu einzig menschenwürdige Wirtschafts- und Gesellschaftsform seien.[4] Es mag nicht immer offen so ausgesprochen worden sein, aber dieser Überzeugung nach wurde gehandelt und das Modell des »Westens« fleißig exportiert. Die ab dem 3. Oktober 1990 neuen Bundesländer wurden unmittelbar in den »Westen« integriert: Was rhetorisch Wiedervereinigung genannt wurde, war rechtlich ein Beitritt. In der damaligen Situation, als ehrlicherweise niemand sagen konnte, ob das Zeitfenster für eine Vereinigung der beiden deutschen Staaten einige Monate oder mehrere Jahre offen wäre, war das vermutlich die vernünftigste politische Lösung. Vielleicht war sie sogar die einzig mögliche, um den zunächst auf der Straße und dann an den Wahlurnen artikulierten Ruf nach Einheit umzusetzen.

Allerdings: Keine Wirkung ohne Nebenwirkung – und die Folgen und Nebenwirkungen sind bis heute spürbar. Für mich, der ich im ziemlich tiefen Westen Deutschlands aufgewachsen bin, änderte sich am 3. Oktober 1990 genau genommen nichts. Postleitzahlen bekamen ein »W« oder ein »O« vorangestellt, ansonsten blieb erst einmal alles wie gehabt. Die Menschen jedoch, für die und mit denen ich heute lebe und arbeite, wachten am 3. Oktober 1990 in einem anderen Land auf. Und frei nach Adornos Sentenz, wonach es kein richtiges Leben im falschen gibt, galt für sie dabei ausgesprochen oder unausgesprochen immer wieder der Grundsatz, dass das unterlegene und damit falsche System nichts Richtiges hervorgebracht haben könne. In der Folge wurden der Besser-Wessi und der Jammer-Ossi geboren, und in vielen Köpfen leben sie bis heute fort, wie jüngst Jan Fleischhauer in einer Kolumne bei SPIEGEL ONLINE pointiert dargestellt hat.[5] Einig waren sich Ostler und Westler zumindest anfänglich immerhin in der Hoffnung beziehungsweise Erwartung, dass die Übernahme des westlichen Wirtschafts-, Rechts- und Gesellschaftssystems früher oder später, jedenfalls mehr oder weniger selbstverständlich auch zu einer Angleichung der Lebensverhältnisse führen würde. Zweifel daran passten nicht in die Zeit. Einer, der davor warnte, die Einheit vor allem auch als finanziellen Selbstläufer zu betrachten, verlor am 2. Dezember 1990 die erste gesamtdeutsche Bundestagswahl deutlich. Nach dem Ende des Kalten Krieges und der Herstellung der äußeren Sicherheit schienen Wohlstand und wirtschaftliche Sicherheit nur noch eine Frage der Zeit zu sein. Da war das Gefühl, dass »Freiheit und Sicherheit für alle« zum Greifen nahe seien.

Ein Vierteljahrhundert später ist deutlich geworden, dass Freiheit, obwohl sie, wie bereits Wilhelm von Humboldt meinte, nicht ohne Sicherheit zu haben ist,[6] immer auch mit Unwägbarkeiten und Unsicherheiten verbunden bleibt. Freiheit beinhaltet stets die Möglichkeit, missbraucht zu werden. Wo immer für mehr Grenzkontrollen oder gegen Freihandelsabkommen demonstriert und polemisiert wird, geht es im Kern darum: dass andere Menschen, Konzerne, Staaten, Religionen oder wer auch immer gerade als Gegenüber und potenzieller Konkurrent gesehen wird, die Freiheit, die man ihnen zubilligt, in schlechter Weise nutzen, das heißt ausnutzen werden. Diese Sorge setzt freilich voraus, dass man das Gegenüber für fähig hält, einen Missbrauch der Freiheit auch durchzusetzen. Vor der Freiheit eines vermeintlich Schwachen muss man keine Angst haben. Vielleicht sind auch deshalb CETA und TTIP, die Freihandelsabkommen mit Kanada und den USA, so umstritten, während die Verträge der EU mit Kolumbien und Peru oder mit Vietnam kaum öffentliche Aufmerksamkeit bekommen und erst recht nicht zu Massendemonstrationen motivieren.

Angst also ist da. Aber wo kommt sie her? Woher kommt die Unsicherheit im Umgang mit Veränderungen? Woher die Sorgen um die Zukunft in einer Zeit, in der die durchschnittliche Lebenserwartung und der durchschnittliche Wohlstand eines Mitteleuropäers höher sind als jemals zuvor? Ein wichtiger Grund könnte sein, dass das traditionelle Narrativ des Westens, wonach die Freiheit der Königsweg in eine bessere Zukunft, wenn nicht für alle, so doch für den größtmöglichen Teil der Menschheit sei, viele Europäer und Nordamerikaner nicht mehr überzeugt. Angst und Sorgen, so hört und liest man auch wieder im Nachgang der Präsidentschaftswahlen in den USA, haben vor allem diejenigen, die sich abgehängt fühlen. Jene, die sich auf der Verliererseite der Globalisierung wiederfinden und Freiheit seit geraumer Zeit vor allem als Formel für den Abbau sozialer Sicherheit erfahren haben. Denen die Durchschnittszahlen in Sachen Wohlstand nichts nützen, weil ihr persönlicher Wohlstand darunter liegt. In den USA leiden sie unter dem Niedergang der Industrie im Mittleren Westen und haben Donald Trump gewählt. In Großbritannien leiden sie unter dem Niedergang der Industrie vor allem in Mittel- und Nordengland und haben für den Brexit gestimmt. In Frankreich wählen sie nicht mehr die Sozialisten, sondern den Front National, in Deutschland die AfD. Und in Deutschland, so wird es immer wieder geschrieben, sollen sie in besonderer Weise im Osten des Landes zu Hause sein.

Andere haben durchaus einiges zu verlieren, trauen der Freiheit aber nicht die nötige Stärke zu, den erreichten Wohlstand zu schützen. Die vielleicht größte Stärke der Freiheit – ihre Offenheit gegenüber Vielfalt und Veränderung – fürchten sie als Schwäche. Sie versprechen sich und anderen einen Gewinn an Sicherheit durch mehr Kontrolle: weniger Freiheit, um die Freiheit vor der ihr eigenen Schwäche zu schützen. Was rhetorisch als Angst *um* die Freiheit daherkommt, ist im Kern vor allem eine Angst *vor* der Freiheit der anderen. Ihrer Freiheit, anders zu sein und anders zu bleiben. Weil das Anderssein des Gegenübers immer die Alternative zum eigenen Selbstsein ist und damit jeden absoluten Anspruch auf Wahrheit, Richtigkeit oder Legitimität des jeweils eigenen Seins herausfordert. Es liegt im Wesen der Alternative, die Norm herauszufordern. Für die Norm wird das zum Problem, wenn sie keine andere Daseinsberechtigung mehr aufzuzeigen vermag als eben jene, die Norm zu sein. Dann fühlt sie sich durch alles Abweichende in ihrer Existenz bedroht. Eine natürliche Reaktion auf eine solche Gefühlslage ist Angst.

Denn Gott hat uns nicht gegeben den Geist der Furcht,
sondern der Kraft und der Liebe und der Besonnenheit.
2 Timotheus 1,7

Angst

Die Angst geht um in Deutschland. Angst vor Fremden, Angst vor Flüchtlingen, Angst vor dem Islam, Angst vor dem Terror, Angst vor der Globalisierung, Angst vor Kopftüchern und Schleiern, Angst vor sozialem Abstieg, Angst vor Veränderung. Wenn der in Medien und Öffentlichkeit vermittelte Eindruck nicht trügt, dann lebe ich dort, wo die Angst so ziemlich am größten ist: in Sachsen. »Warum immer wieder Sachsen?«[7] Das wird inzwischen regelmäßig gefragt, wenn es in Sachsen Übergriffe auf Ausländer gegeben hat.

Übergriffe auf Ausländer gibt es anderswo auch. Laut dem Jahresbericht der Bundesregierung zum Stand der Deutschen Einheit 2016 war die Zahl rechtsextremistisch motivierter Gewalttaten im Jahr 2015 bezogen auf die jeweilige Einwohnerzahl in Mecklenburg-Vorpommern und Brandenburg sogar noch größer als in Sachsen.[8] Aber auch hier war diese Ziffer fast fünfmal größer als im Durchschnitt der westdeutschen Bundesländer. Nur in Sachsen, namentlich in Dresden, spielt PEGIDA zwei Jahre nach ihren Anfängen noch eine Rolle deutlich oberhalb der Wahrnehmungsschwelle. Aus Sachsen hat es besonders hässliche Bilder gegeben, von Freital über Clausnitz bis zu den Pöbeleien während der Feiern zum Tag der Deutschen Einheit 2016 in Dresden. Und schließlich haben sich die Ereignisse um die Verhaftung und den Suizid des Terrorverdächtigen Dschaber al-Bakr in Chemnitz und Leipzig im Oktober 2016 in Sachsen abgespielt.

In manchen Äußerungen und Kommentaren in den Medien, die dankbar und vielfach in den sozialen Netzwerken verbreitet wurden,[9] wurde Sachsen wegen der Ereignisse des Jahres 2016 gar ein »failed state«, ein gescheiterter Staat, genannt. Das ist Sachsen sicher nicht, und mit einigen Tagen Abstand mehrten sich Ende Oktober auch jene Kommentare, die auf die Maßlosigkeit des Vergleichs mit Libyen oder Somalia hinwiesen.[10] Gleichwohl ist in Sachsen zu viel geschehen, als dass man die Frage »Warum immer wieder Sachsen?« mit der Taktik des Whataboutism, also mit dem Hinweis, woanders sei doch auch nicht alles gut, wegwischen könnte. Die Frage steht im Raum. Ich bezweifle allerdings, dass man sie umfassend beantworten kann, denn sie ist bereits zu pauschal formuliert.

Aus westdeutscher Perspektive und Entfernung wirkt Sachsen ziemlich klein. Ich bin in Bergkamen groß geworden, Ruhrgebietsrand, etwa 50 000 Einwohner. In Nordrhein-Westfalen ist das keine Besonderheit. Gut 40 Städte zählen dort zwischen 40 000 und 60 000 Einwohner, und eine ganze Reihe sind erheblich größer. Nach Sachsen verpflanzt, könnte sich Bergkamen hinsichtlich der Einwohnerzahl zwischen Görlitz und Freiberg auf Platz 7 einreihen. Aus ostdeutscher Perspektive ist Sachsen aber gar nicht ganz so klein. Mit etwa vier Millionen Einwohnern ist es mit Abstand das bevölkerungsreichste der fünf inzwischen nicht mehr ganz so neuen Bundesländer, das einzige, das Berlin an Einwohnern übertrifft. Im Innern ist es vielfältig. Leipzig ist anders als Dresden oder Chemnitz, zwischen dem Vogtland und der Dahlener Heide liegen Welten, landschaftlich wie sprachlich. Die Gegend, in der ich seit Ende 2009 lebe und arbeite, liegt geografisch zwar dazwischen, ist aber sicher auch kein Durchschnitts-Sachsen. Die folgenden Erfahrungen und Beobachtungen sind also eher Schlaglichter als repräsentative Analysen.

Eine gängige Erklärung für den lautstarken Protest gegen eine Islamisierung sowie die hohe Zahl gewaltsamer Übergriffe auf Asylbewerber, Flüchtlinge und ihre Unterkünfte gerade im Osten Deutschlands geht so: Angesichts eines Ausländeranteils an der Bevölkerung von etwa drei Prozent kommt man hier kaum mit Muslimen und/oder Ausländern in Kontakt, und das Unbekannte macht nun einmal Angst. Mangels Kontakts mit Flüchtlingen und Migranten fehlt den Ostdeutschen im Allgemeinen und den Sachsen im Besonderen die Erfahrung mit Migration. Und schließlich haben die Menschen hier allgemein Angst vor Veränderung.

Ich denke, diese Erklärungsmuster sind weitgehend falsch, jedenfalls für die Gegend, in der ich zu Hause bin und die in diesem Punkt dann doch beispielhaft für den ländlichen Raum im Osten Deutschlands stehen kann. Mein schon etwas ange-staubtes Lexikon definiert Angst als »Affekt oder Gefühlszu-stand, der im Unterschied zur Furcht einer unbestimmten Le-bensbedrohung entspricht«.[11] In den Augen derer, die in einer gegebenen Situation keine Angst haben, erscheint die Angst der Ängstlichen darum oft irrational. »Da brauchst du doch keine Angst zu haben« ist ein Satz, der dem Ängstlichen nicht hilft. Ein Satz, der überdies am Problem vorbeigeht, wenn es nicht eigentlich um Angst, sondern um Furcht geht: ein objekt-bezogenes Gefühl des Bedrohtseins.

Wer die Bilder von Krieg und islamistischem Terror einer-seits und von Flüchtlingen auf den Schlepperbooten anderer-seits täglich ins Wohnzimmer geliefert bekommt, für den ist die Bedrohung, wenn er sich denn bedroht fühlt, nichts Un-bestimmtes mehr. Man lebt auch in Sachsen nicht hinterm Mond, in Paris und Brüssel sind viele dann doch schon einmal gewesen, in Berlin sowieso. Oder kennen jemanden, den die Anschläge dort hätten treffen können. Mit Migration und Ver-änderung haben die Menschen im Osten Deutschlands ohne-hin viel mehr Erfahrung, als manchem Kommentator mit west-deutscher Perspektive bewusst ist – ein Umstand, der mir in diversen Gesprächen des letzten Jahres deutlich geworden ist. Migration und Veränderung kennt man hier nämlich nicht nur aus dem Fernsehen. Zumindest gefühlt erlebt man seit einem guten Vierteljahrhundert nichts anderes mehr. Die Skepsis ge-genüber Veränderungen entspringt keineswegs nur einer verbreiteten konservativen Lebenseinstellung – die gibt es in der Tat auch –, sondern sie speist sich auch aus Verlusterfahrungen. Einige Beispiele mögen das illustrieren.

Ich bin als Pfarrer für vier Kirchgemeinden in sechs Dörfern zuständig. In meinem Arbeitsbereich lebten zum Jahreswechsel 2012/2013 knapp 2500 Menschen, von denen gut 1150 Kirchenglieder waren – für den Osten Deutschlands geradezu volkskirchliche Strukturen. In Relation zu den Einwohnerzahlen am 3. Oktober 1990 bedeutet das für die einzelnen Dörfer einen Bevölkerungsrückgang von acht bis 14 Prozent. Das ist zum Teil besser als der Landesdurchschnitt, besser jedenfalls als in mancher Kleinstadt auf dem Land und kein Vergleich etwa zu Hoyerswerda, das seit der Wiedervereinigung fast jeden zweiten Einwohner verloren hat. In den letzten Jahren wurden wieder mehr Kinder geboren, neben der Tautenhainer Kirche hat die Stadt Frohburg 2013/14 einen Kindergartenneubau errichtet. Von außen betrachtet könnte man also meinen, dass es zwischen Leipzig und Chemnitz gar nicht so schlecht aussieht. Und vieles funktioniert durchaus auch. Man kann hier gut leben. Aber die Zahlen trügen, insofern sie eine gewisse demografische Stabilität vorgaukeln. Das Durchschnittsalter steigt rapide, die Geburtenzahlen befinden sich wahrscheinlich nur in einem Zwischenhoch. Und die Statistiken ändern ohnehin wenig an einem weit verbreiteten Lebensgefühl, das Veränderung mit Verlust verbindet.

Die Gründe für dieses Lebensgefühl lassen sich zunächst an den kirchlichen Strukturen zeigen. Ihre Entwicklungen sind zwar nicht eins zu eins auf andere Bereiche übertragbar, aber oft ähneln sie dann doch den gesellschaftlichen Entwicklungen insgesamt. Wie erwähnt, bin ich als Pfarrer für sechs Dörfer zuständig. Ich kenne das nicht anders, seit ich vor sieben Jahren hierher in meine erste Pfarrstelle gekommen bin. Immer wieder wird mir aber gesagt, dass die Arbeit doch eigentlich nicht zu schaffen sei. Viele Menschen erinnern sich nämlich noch gut daran, wie es früher war. 1910 lebten in meinem Pfarrbereich ungefähr genauso viele Menschen wie heute. Für die damals gut 2500 Seelen, die seinerzeit praktisch alle als Kirchglieder gezählt wurden, waren vier Pfarrer zuständig, das war seit Mitte des 16. Jahrhunderts immer so gewesen. Zur Mitte des 20. Jahrhunderts waren es dann noch zwei, seit 1998 dann zwei »halbe« Pfarrstellen, die 2002 zu einer Pfarrstelle zusammengelegt wurden. Von ehemals vier Pfarrhäusern ist jetzt nur noch eines als solches bewohnt.

Kirchliche Strukturen, die Jahrhunderte, Katastrophen, Kriege und Diktaturen überdauert hatten, sind innerhalb weniger Jahrzehnte fast verschwunden. Das hat natürlich auch damit zu tun, dass wir heute keine Staatskirche mehr haben. Seit dem Ende der Monarchie ist es relativ unkompliziert möglich, aus der Kirche auszutreten. Die antikirchliche Politik der DDR hat das befördert und die seit dem 19. Jahrhundert spürbare Säkularisierung damit beschleunigt, sie hat sie aber nicht ausgelöst. Trotz der für die Kirche gerade in Ostdeutschland besonderen Situation in der zweiten Hälfte des 20. Jahrhunderts fügt sich der kirchliche Strukturabbau aber in der Regel in das Gesamtbild. Wo er es nicht tut, dann deshalb, weil kirchliche Strukturen verglichen mit staatlichen oder wirtschaftlichen Strukturen auch in Krisenzeiten relativ lange aufrechterhalten, also meist langsamer abgebaut werden.

Tautenhain, das Dorf, dessen Pfarrhaus seit Ende 2009 mein Wohn- und auch Arbeitsort ist, war im Oktober 1990 eine selbstständige Gemeinde im Landkreis Geithain und zählte offiziell 660 Einwohner. Es gab einen Bürgermeister, einen Kindergarten, eine Schule, einen Fußballplatz, die Freiwillige Feuerwehr, zwei Gaststätten, eine Post, eine Sparkassenfiliale, Bäcker, Konsum – kurz: alles, was man für den normalen täglichen Bedarf an Infrastruktur braucht. Heute sind davon noch die Feuerwehr und der Kindergarten übrig – und das Pfarramt. Tautenhain wurde zunächst Teil der neu gebildeten Gemeinde Eulatal, kam mit dieser als Teil des Kreises Geithain zum Landkreis Leipziger Land und ging 2008 in der Stadt Frohburg auf. Der Landkreis heißt nun Landkreis Leipzig und reicht vom Kohrener Land bis in die Dahlener Heide. Von den ehemaligen Dorfschulen der Region ist eine einzige übrig, die Oberschulen in den Kleinstädten sind zum Teil in ihrem Bestand gefährdet, Gymnasien sind noch dünner gesät. Seit 1990 leben die Menschen hier mit ständiger Veränderung, die gemeinhin Strukturanpassung genannt wird. Die zahlreichen

Verbesserungen, die es durchaus gegeben hat, treten demgegenüber in den Hintergrund, und das auch mit Erfahrungen unterlegte Gefühl sagt: Veränderung heißt Verlust, Strukturabbau, weitere Wege. Von oben angeordnet. Man sollte sich also nicht verwundert oder ungläubig die Augen reiben, wenn bei vielen meiner Nachbarn beim Stichwort »Veränderung« die Alarmglocken läuten. Sie haben keine generelle diffuse Angst vor Veränderungen, sie haben konkrete Befürchtungen.

Beim Thema Migration sieht es ähnlich aus. Auf den ersten Blick sprechen die Zahlen eine deutliche Sprache: Zum Jahresende 2014 betrug der Ausländeranteil an der Bevölkerung Sachsens gerade einmal 2,9 Prozent.[12] In Bergkamen liegt der Anteil der ausländischen Bevölkerung fast viermal höher, nämlich bei 11,7 Prozent[13], und der Anteil der Menschen mit Migrationshintergrund noch einmal deutlich darüber. Wenn man durch die Stadt geht, sieht und hört man den Unterschied sofort, die Erfahrung deckt sich mit der oftmals grauen Statistik. Allerdings machen die offenen Worte des Bürgermeisters[14] deutlich, dass 55 Jahre nach Abschluss des Anwerbeabkommens zwischen der Bundesrepublik Deutschland und der Türkei[15] auch Kommunen wie Bergkamen in Sachen Integration vor großen Herausforderungen stehen. Gewöhnung an Migration allein bewältigt diese Herausforderungen nicht. Zudem verkennt die Behauptung, die Ostdeutschen hätten mit Migration keinerlei Erfahrung und seien deswegen ängstlich, bei genauerem Hinsehen ein Vierteljahrhundert Lebensrealität.

Im Herbst 2013 forderte ein einziges Bootsunglück vor Lampedusa Hunderte Todesopfer, und die Flüchtlingsfrage rückte europaweit ins Scheinwerferlicht. Ungezählte »kleinere« Unfälle in den Jahren zuvor waren vergleichsweise unbeachtet geblieben. Wenn ich durch meine Aufzeichnungen für Gottesdienste der vergangenen sieben Jahre blättere, kann ich feststellen, dass der Begriff »Flüchtling« vermehrt seit dem Jahreswechsel 2011/2012 in Predigten und Gebeten Erwähnung findet. Vorher taucht er nur vereinzelt auf, obwohl ja auch schon im ersten Jahrzehnt unseres Jahrtausends jährlich Tausende versucht haben, Europa per Boot zu erreichen. Das Thema Migration ist in meinem Arbeitsalltag aber nicht erst seit dem Anwachsen der Flüchtlingsströme infolge des sogenannten Arabischen Frühlings und des Bürgerkriegs in Syrien präsent. In Gruppen und Kreisen, bei Geburtstagsbesuchen oder Trauergesprächen liegt es immer wieder obenauf. Es begegnet einem bei der Vorbereitung von Hochzeiten und Taufen und selbst bei vergleichsweise trockenen Angelegenheiten wie statistischen Erhebungen.

Im Herbst 2013 habe ich mich zur Vorbereitung einer Visitation meiner Kirchgemeinden in einige Zahlenreihen vertieft. Ein allgemeiner Trend, der in den Blick genommen wurde, war schon vorher bekannt, er ist seit Jahrzehnten ungebrochen und Grundlage jener Prognosen, auf denen die Planungen der sächsischen Landeskirche für die kommenden zwei Jahrzehnte fußen: Wir werden weniger. Im Jahr 2009 zählte die Evangelisch-Lutherische Landeskirche Sachsens 785 000 Gemeindeglieder, 2040 werden es voraussichtlich nur noch 416 000 sein.[16] Der Rückgang wird die ländlichen Gebiete überproportional treffen, denn für die Großstädte Leipzig und Dresden werden entgegen dem allgemeinen Trend in Sachsen wachsende Einwohner- und stabile Gemeindegliederzahlen prognostiziert. Bereits vor drei Jahren war beim Blick auf die Zahlen interessant, wie sich der Trend zusammensetzt. Die entscheidende Größe beim Rückgang der Gemeindegliederzahlen in und um Tautenhain war weder das Verhältnis von Bestattungen zu Taufen (2011 habe ich sogar öfter am Taufstein als am Grab gestanden) noch die Zahl der Kirchenaustritte, sondern das Verhältnis von Zuzügen und Wegzügen.

Die Wegzüge und ihre Folgen sind es, die das Thema Migration schon vor 2011 und unabhängig von der seitdem ausgerufenen, freilich schon länger währenden Flüchtlingskrise immer wieder ins Gespräch gebracht haben. Paare, die in den vergangenen Jahren Silberhochzeit gefeiert haben, können von einem Ehealltag berichten, der Fernbeziehungen beschreibt: Väter, die lediglich am Wochenende zu Hause sind, weil sie nach der Wende nur in Baden-Württemberg, Bayern oder anderswo im Westen Arbeit gefunden haben. Die gerne auch hier arbeiten würden, in Sachsen aber keinen Arbeitsplatz bekommen. Regelmäßig erzählen junge Paare in Traugesprächen davon, wie sehr sie sich wünschen, dass es mit den bisweilen wochenlangen Montageabwesenheiten des einen Partners, in der Regel des Mannes, nach der Hochzeit bald vorbei sein möge, damit beide ausreichend Zeit mit dem manchmal schon vorhandenen, andernfalls regelmäßig gewünschten Nachwuchs verbringen könnten. Viele Menschen hier unternehmen große Anstrengungen, um weiterhin jenen Landstrich, den sie Heimat nennen, mit Leben zu füllen.

Andere haben diesen Versuch aufgegeben. Sind als Familie weggezogen, der Arbeit hinterher. Oder zur Ausbildung und zum Studium in die Welt gezogen und dort geblieben, weil es zu Hause keine angemessene Arbeit gab. Sie halten Kontakt zur Familie, manche lerne ich kennen, wenn sie aus Süddeutschland, der Schweiz oder gar aus den USA anreisen, um hier zu heiraten oder ihre Kinder taufen zu lassen. Die Gründe, warum sie gegangen sind und nicht wieder zurückkehren, sind individuell sehr verschieden. Aber wenn ich ihren Eltern und Großeltern zuhöre, wenn sich die Trauer darüber, dass Kinder und Enkel weit weg sind, mit dem Stolz darauf mischt, dass sie es in der Ferne geschafft haben, sich eine Existenz aufzubauen, dann wird die Hauptursache deutlich: Woanders sind die wirtschaftlichen Möglichkeiten immer noch ungleich besser. Natürlich sind die kulturellen, historischen und wirtschaftlichen Voraussetzungen und Umstände, wenn jemand der Arbeit wegen von Sachsen nach Stuttgart geht, andere, als wenn ein Ghanaer in Europa sein Glück versuchen möchte. Im Prinzip handelt es sich aber in beiden Fällen am Ende um Migration aus wirtschaftlichen Gründen.

Wann immer über die Ursachen und Folgen der weltweiten Migrationsbewegungen die Rede ist, stehen meistens zwei Gruppen im Fokus. Die eine Gruppe sind die Migranten, die Zuwanderer. Wir fragen, woher sie kommen, warum sie sich auf den Weg gemacht haben und was sie mitbringen. Was Einwanderer an Kompetenzen und Potenzial vorzuweisen haben, ist nämlich für die andere Seite von Interesse, für die Gesellschaft, die diese Menschen aufnehmen muss, soll oder möchte oder aber nach Gründen und Wegen sucht, sie wieder loszuwerden. Wenn über Integration diskutiert wird, steht darum neben den Zuwanderern die Gesellschaft im Vordergrund, in die sie – auf Zeit oder auf Dauer – einwandern. Was müssen Erstere tun, um sich zu integrieren, was kann Letztere tun, um die Integration der Neubürger zu unterstützen und Migration erfolgreich werden zu lassen? Über die Gesellschaften, die Menschen durch Migration verlieren, wird dagegen vergleichsweise selten geredet. Und über die Lücken, die Menschen, die sich auf den Weg machen, dort hinterlassen, von wo sie aufbrechen. Wie etwa in den Dörfern im Osten Deutschlands.

Wer über ein Vierteljahrhundert lang Kinder und Enkel hat abwandern sehen, weil der heimische Arbeitsmarkt nicht in der Lage war, sie aufzunehmen, für den klingt der Hinweis, man müsse der demografischen Entwicklung wegen doch froh über die vielen Menschen sein, die nach Deutschland gekommen sind und noch kommen wollen, beinahe höhnisch. Man wünscht sich nämlich schon seit Jahren Zuzug – nur eben den Rück-Zuzug der Gegangenen. Dieser Wunsch rechtfertigt weder die Diskriminierung von Flüchtlingen noch die Gewalt gegen sie – und zum Glück wird entgegen dem bisweilen medial hervorgerufenen Eindruck beides von einer großen Mehrheit auch der Menschen in Sachsen abgelehnt. Aber wer will Großeltern, die ihre Enkelkinder fast nur am Bildschirm via Skype wachsen sehen, die Frage verdenken, was positiv daran sei, dass durch die Integration fremder Menschen, gegen die man an sich gar nichts hat, genau die demografischen Lücken geschlossen werden sollen, die eine wirtschaftlich begründete Abwanderung der eigenen Kinder gerissen hat?

Wenn es um Migration geht, lebt man in Sachsen (und in den anderen ostdeutschen Bundesländern) also keineswegs im Tal der Ahnungslosen. Die Menschen kennen sehr wohl das Phänomen, seine Ursachen und seine Folgen – und zwar aus unterschiedlichen Perspektiven. Man hat hier meinem Eindruck nach nicht mehr unspezifische Angst vor oder generelle Abneigung gegenüber Veränderungen als anderswo. Man lebt seit 25 Jahren mit stetiger Veränderung. Und die meisten Menschen kommen damit meinem Eindruck nach auch ganz gut zurecht. Die anderen werden kaum dadurch zu erreichen sein, dass man ihre vielleicht übertriebenen oder unnötigen, aber durchaus mit Erfahrung verbundenen Sorgen als bloße Ängste abtut.

Zwischen Sorgen und Ängsten zu unterscheiden bedeutet nicht, »die Sorgen der Menschen ernst zu nehmen«, sondern die Menschen, die diese Sorgen haben. Das ist anstrengend, insbesondere wenn sich Ängste und Sorgen vermischen. Wenn die nachvollziehbaren Sorgen die unspezifischen Ängste zu bestätigen scheinen. Wenn die Sorgen genutzt werden, um Angstgebäude zu errichten und zu stützen. Das freilich ist seit einigen Jahren nicht nur in Sachsen zu beobachten. Es handelt sich um ein »westliches«, ein in erster Linie europäisches und nordamerikanisches Phänomen. Donald Trumps erfolgreicher Wahlkampf in den USA, die Brexit-Abstimmung in Großbritannien, populistische Parteien in Europa vornehmlich auf der rechten[17], aber auch auf der linken[18] Seite der politischen Arena müssen die Sorgen und Ängste vieler ja nicht erfinden. Sie sprechen zahlreiche Menschen an, weil sie ihren Sorgen und Ängsten Resonanzboden und öffentliche Stimme verleihen. Und ihrem Frust. Und ihrer Wut.

Eifer und Zorn verkürzen das Leben,
und Sorge macht alt vor der Zeit.
Sirach 30,26

Wut

Am 30. August 2010 war Thilo Sarrazins Buch »Deutschland schafft sich ab« für kurze Zeit in den Auslagen deutscher Buchhandlungen zu sehen – bis die erste Auflage noch am selben Tag ausverkauft war. Am 30. September 2010 räumten Polizeikräfte unter Einsatz von Wasserwerfern und Tränengas den Stuttgarter Schlossgarten. SPIEGEL ONLINE berichtete am selben Abend, in der Schlagzeile fand sich das Wort »Bürgerkrieg«.[19] Am 11. Oktober beschrieb Dirk Kurbjuweit in einem Essay im SPIEGEL einen Begriff, den die Gesellschaft für deutsche Sprache am 16. Dezember zum »Wort des Jahres 2010« kürte: »Wutbürger«.[20] Im Duden findet sich dazu heute folgender Eintrag: »Wutbürger, der; Substantiv maskulin; Gebrauch: Zeitungsjargon; aus Enttäuschung über bestimmte politische Entscheidungen sehr heftig öffentlich protestierender und demonstrierender Bürger«.[21]

Sechs Jahre, nachdem der Wutbürger seinen Weg aus den Vortragssälen und von der Straße in die mediale Diskussion gefunden hat, ist Kurbjuweits Analyse immer noch aktuell, hat sich als weitgehend zutreffend und in Teilen geradezu als prophetisch erwiesen. Er bemerkte bei allen Unterschieden als verbindendes Element zwischen jenen Bürgern, die bei Veranstaltungen Thilo Sarrazins dessen Kritiker ausbuhten, und jenen, die in Stuttgart auf die Straße gingen, ein tiefes Misstrauen, eine Wut auf die Politik in der parlamentarischen Demokratie. Enttäuschung und Frust darüber, dass die gewählten Volksvertreter den der Mehrheit der Bevölkerung zumindest unterstellten Willen – hier die Ablehnung eines großen Bauprojektes, dort die Ablehnung der Integrationspolitik – nicht beachteten. Als das Neue, das eigentlich zutiefst Unbürgerliche am Wutbürger identifizierte Kurbjuweit die zunehmende Kritik an den Prinzipien der repräsentativen Demokratie: »Es spielt keine Rolle mehr, dass das Bahnhofsprojekt durch alle demokratischen Instanzen gegangen ist. Der Wutbürger hat das Gefühl, Mehrheit zu sein und die Lage besser beurteilen zu können als die Politik. Er macht sich zur letzten Instanz und hebelt dabei das gesamte System aus.«[22]

Eine Demokratie kann nur funktionieren, wenn die in Abstimmungen jeweils unterlegene Minderheit die Entscheidungen der Mehrheit respektiert. Das bedeutet nicht, dass sie diese Entscheidungen kritik- und kommentarlos hinnehmen müsste. Der demokratische Rechtsstaat gewährleistet allerlei Instrumente des konstruktiven Ringens um bessere Lösungen, vom Recht der freien Meinungsäußerung zwischen und im Rahmen von allgemeinen Wahlen bis zur Möglichkeit, als Unrecht empfundene Entscheidungen gerichtlich überprüfen zu lassen. Insbesondere die individuellen Grundrechte sollen dabei die Diktatur der Mehrheit über die Minderheit verhindern. Aber wenn alle diese Möglichkeiten des Rechtsstaats ausgeschöpft sind, hat die Minderheit die Entscheidung der Mehrheit in aller Regel hinzunehmen, so wie die Mehrheit die Rechte der Minderheit zu respektieren hat.

Demokratie bedeutet nicht, dass eine Entscheidung erst dann legitimiert ist, wenn auch der Letzte zugestimmt hat. Das gilt für repräsentative und direktdemokratische Prozesse der Entscheidungsfindung gleichermaßen. Über Jahrzehnte ist dies bürgerlicher Konsens gewesen, nicht nur in Deutschland. Als Donald Trump sich im letzten Fernsehduell mit Hillary Clinton am 19. Oktober 2016 weigerte zu erklären, er werde das Ergebnis der Wahl anerkennen, und tags darauf zu Protokoll gab, er werde das Wahlergebnis selbstverständlich akzeptieren – falls er gewinne[23], war das ein Angriff auf ebendiesen Grundpfeiler der Demokratie: den Respekt vor der Entscheidung der Mehrheit. Unter seinen Anhängern hat ihm diese Aussage bekanntermaßen nicht geschadet, denn er gab ihrem Misstrauen, ihrer Meinung, ihrer Wut eine Stimme. Das ist wahrscheinlich das Erfolgsgeheimnis der Populisten unserer Zeit. Erfolgreicher Populismus ist heute mehr als die keineswegs neue »Taktik von Politikern, nicht die Positionen zu vertreten, die sie selbst für richtig halten, sondern das zu fordern, was ihnen ihrer Ansicht nach den meisten Applaus in der Öffentlichkeit einbringt«.[24] Sein Schlüssel zum Erfolg liegt wenigstens genauso sehr darin, der Wut der Wutbürger einen bürgerlichen Anstrich zu geben und ihr so Legitimität zu verleihen. Mit der Wut einen Affekt zu legitimieren, den sich das traditionelle Bürgertum früherer Tage, das mancher Wutbürger wiederherstellen zu wollen behauptet, nicht zugestanden hätte.

Wut ist eigentlich eine tief unbürgerliche Angelegenheit. Als heftige Emotion ist sie häufig mit Aggression und dem Verlust der Selbstbeherrschung verbunden. Wut ist mit dem Zorn verwandt, den die christliche Tradition zu den Todsünden rechnet. Bereits Seneca beschrieb beide als eines Menschen unwürdige Verhaltensweisen, da mit ihnen die Emotionen die Oberhand über die Vernunft gewinnen.[25] Im Gegensatz zur Wut, die sprichwörtlich blind macht, muss der Zorn nicht in allen Zusammenhängen negativ besetzt sein. Es kann von gerechtem und sogar von heiligem Zorn gesprochen werden. Beiden gemeinsam ist allerdings der Aspekt des Kontrollverlustes, der so gar nicht zu klassischen bürgerlichen Tugenden wie Pünktlichkeit, Fleiß, Ordnung oder Sparsamkeit passt. Wer blindwütig um sich schlägt, sei es mit Worten oder mit Fäusten, hat die möglichen Konsequenzen seines Handelns nicht mehr im Blick. Bei kleinen Kindern sind Wutanfälle normal und gehören zum Erlernen des Umgangs mit Emotionen. Wegen der mit Wut einhergehenden Unberechenbarkeit entspricht sie aber nicht den Maßstäben angemessenen Sozialverhaltens für vernunftbegabte Erwachsene. Wut und Kontrollverlust gehören sich für einen anständigen Menschen nicht. Jedenfalls nicht öffentlich. In seinem Essay über den Wutbürger stellte Dirk Kurbjuweit dazu fest: »Contenance im Angesicht von Schwierigkeiten, das zeichnet ein wohlverstandenes Bürgertum aus. Eifer gegen andere Menschen, Rassen, Volksgruppen, Religionen ist unziemliches Verhalten, ist unanständig.«[26]

Mit Eifer und Schaum vor dem Mund die Rückkehr zu bürgerlichen Werten und Traditionen zu fordern ist eigentlich ein Selbstwiderspruch. Aber indem die Wut für gerecht erklärt wird, scheint sie selbst diesen Widerspruch zu rechtfertigen. Und wer die Wut der Wutbürger politisch zu kanalisieren und in Mandate umzumünzen trachtet, muss nicht nur diesen Widerspruch in Kauf nehmen. Das Institut für Demoskopie Allensbach stellte in seiner oben bereits zitierten Untersuchung »Die Welt der Wutbürger« vom Mai 2016[27] unter anderem folgende Frage: »Wenn jemand sagt: ›Die Politiker haben keine Ahnung. Das könnte ich besser als die.‹ Denken Sie das auch öfter?« Der Anteil der Ja-Antworten war in der Gruppe der AfD-Anhänger deutlich am höchsten (71 Prozent), was angesichts der regelmäßigen Bezeichnung der politischen Gegner als »Altparteien« oder »Systemparteien« durch AfD-Vertreter nicht überraschen kann. Die pauschale Ablehnung der bisherigen Politik, egal welcher Ausrichtung, ist im Anfang Mai 2016 in Stuttgart beschlossenen AfD-Parteiprogramm mit der Feststellung, der Gegner sei »die politische Klasse«, ausdrücklich Programm geworden.[28]

Nun ist Unzufriedenheit mit der Arbeit derer, die politische Verantwortung tragen, kein ehrenrühriges Motiv, ganz im Gegenteil. Die Demokratie lebt vom Wettbewerb der Meinungen. Aber aus einem (abwertenden) Pauschalurteil über *die* Politiker ergeben sich noch keine politischen Alternativen. Aus der Behauptung, dass eigentlich alles schlecht, weil Teil eines letztlich korrupten[29] manipulativen (»Lückenpresse«, »Pinocchio-Presse«, »Lügenpresse«) und daher undemokratischen[30], allerdings vor dem Zusammenbruch befindlichen Systems sei, ergibt sich noch keine konkrete Alternative. Anders als jetzt kann alles Mögliche sein. Wenn der kleinste gemeinsame Nenner ganz wesentlich die Unzufriedenheit auf »die da oben« ist, ergibt sich daraus noch kein kohärentes Programm. Da kann man etwa ganz problemlos feststellen, dass die Türkei auf dem Weg in die Diktatur sei (und es gibt gute Gründe zu sagen, dass dieser Weg bereits sehr weit fortgeschritten scheint), darum kein verlässlicher Partner sei und das EU-Türkei-Abkommen zur Flüchtlingsfrage (an dem manches kritisiert werden kann) deswegen nicht hätte abgeschlossen werden dürfen,[31] um dann beinahe im selben Atemzug Regelungen für eine »heimatnahe Durchführung von Asylverfahren« zu fordern,[32] die ohne eine Zusammenarbeit auch mit der Türkei nicht denkbar wären. Wenn sich die Bürger über zu viel Bürokratie und zu hohe Staatsausgaben ärgern, verspricht man einen schlanken, aber starken Staat. Steuersenkungen zu fordern ist eigentlich immer populär. Ist der Ärger über den

Sanierungsstau bei der Verkehrsinfrastruktur (berechtigterweise) groß, werden Investitionen versprochen und erwartet, dass ausgerechnet hier der Staat billiger und effektiver planen und realisieren kann. Wie der schlanke und starke Staat seine Aufgaben trotz angestrebter Steuersenkungen erfüllen soll, ist nicht entscheidend. Wichtig scheint zunächst, dass sich möglichst jeder Ärger wiederfindet. Donald Trump hat seinen Anhängern im Wahlkampf unter anderem ein höheres Wirtschaftswachstum, eine protektionistische Handelspolitik, mehr innere und äußere Sicherheit und Infrastrukturprojekte bei deutlichen Steuersenkungen ohne aufgeblähte Staatsverschuldung versprochen. Alles das zusammen wäre die Quadratur des Kreises, und im Vorfeld der Wahl ist das mehr als einmal gesagt worden. Dennoch war er mit dem Versprechen, ökonomische, strategische und gesellschaftliche Fakten dem vermeintlichen Volkswillen unterwerfen zu wollen, erfolgreich, weil er als der Kandidat wahrgenommen wurde, der für Veränderungen, ja für einen Systemwechsel stand – ironischerweise, obwohl vielleicht kaum jemand mehr von der Politik des von ihm geschmähten Establishments profitiert hat als er selbst. Dass nun ausgerechnet ein Kabinett von Milliardären das Gesellschafts-, Wirtschafts- und Politiksystem, das sie reich gemacht hat, zugunsten der vermeintlich und tatsächlich Abgehängten grundlegend ändern sollte, ist kaum zu erwarten. Aber im Wahlkampf hat die Anti-Establishment-Karte gestochen. Nachdem Bernie Sanders aus dem Rennen um die Präsidentschaft ausgeschieden war, wurde Donald Trump als der Kandidat wahrgenommen, der das Ohr beim Volk hat, während die aktuell politisch Verantwortlichen nicht zuhören.

Man kann die politische Nutzbarmachung der Wut beklagen. Man kann sie als verantwortungslose Gefährdung des gesellschaftlichen Zusammenhalts brandmarken. Man kann das Schüren von Wut und Angst verurteilen. Man kann darauf hinweisen, dass die Alternative zu verbreitet gefühlter sprachlicher Übernormierung nicht das Ignorieren grundlegender zivilisierter Umgangsformen sein kann. Man kann sich über all das aufregen. Aber davon verschwinden die Wut der Wütenden und der Zorn der Zornigen nicht, denn es ändert nichts an den Ursprüngen von Zorn und Wut.

Was hat der Mensch für Gewinn von all seiner Mühe,
die er hat unter der Sonne?
Prediger 1,3

Vergeblichkeitserfahrungen

Woher kommt die Wut zahlreicher Bürger, die sich in Wahlen und Abstimmungen seit einigen Jahren immer wieder Bahn bricht? Die einfache Antwort, die bisher noch nach jedem entsprechenden Wahlausgang gegeben wurde, lautet: aus dem Gefühl, auf der Verliererseite der Globalisierung zu stehen. So naheliegend diese Analyse auf den ersten Blick erscheint, so wenig präzise ist sie auf den zweiten. Nachdem Donald Trump die Präsidentschaftswahlen gewonnen hatte, war in ersten Kommentaren zu lesen, das sei die »Rache der weißen Männer«[33]. Zwei Tage später wurde das Bild differenzierter, als die Ergebnisse von Nachwahlbefragungen zeigten, dass Trump unter den weißen Frauen ebenfalls eine Mehrheit erzielt hatte.[34] Auch der typische Wähler der AfD in Deutschland wird oft genug so beschrieben, bis man dann feststellt: So arm sehen die gar nicht aus![35] Die Wut der »Wutbürger« mag sich hinter pauschalen Forderungen sammeln, dass sich im Land, in Europa, in der Welt, in der Politik, in der Gesellschaft Grundlegendes ändern müsse, aber ihre Ursachen sind im Detail vielfältig und zahlreich.

Wut kann ausbrechen, wo sich Ärger über objektive Missstände oder Zorn über ungerechte Verhältnisse mit der höchstpersönlichen Komponente einer Beleidigung oder Kränkung vermischt. Wer den berechtigten oder unberechtigten Ärger anderer in Wut verwandeln möchte, tut also gut daran, das Gefühl unmittelbarer persönlicher Bedrohung und Kränkung zu stärken. Den Aspekt der Bedrohung etwa durch die Behauptung: Migration bedrohe *unsere* Arbeitsplätze, *unsere* Frauen oder *unsere* Kultur. »Brüssel« oder die Eurorettung bedrohe *unsere* Identität, *unser* Erspartes. Den Aspekt der Kränkung durch die Behauptung der Zurücksetzung und Vernachlässigung: *Die* Politiker täten nichts mehr für *uns*. Sie vernachlässigten das Volk, wollten *unsere* Meinung nicht mehr hören, die Wahrheit nicht wahrhaben, und kümmerten sich stattdessen um Probleme, die eigentlich gar keine oder jedenfalls keine wichtigen seien, weil sie nur Minderheiten (wahlweise Homosexuelle, Ausländer, Muslime, Feministinnen, Behinderte) beträfen. Die wirklich wichtigen Probleme, die die Mehrheit beschäftigten, würden dagegen nicht angegangen, sei es aus Unvermögen oder Unwillen. Vom postulierten Unwillen der Politik, die Probleme des Volkes anzugehen, ist es nicht mehr weit bis zum Vorwurf des Verrats und dem Begriff des »Volksverräters«.

Nun geht jedes Pauschalurteil an der Realität vorbei, aber diese Erkenntnis nützt nichts, wenn die Gefühle längst den Blick auf die Fakten versperren beziehungsweise Enttäuschung und Misstrauen so groß geworden sind, dass der Blick auf die Fakten sie sogar noch verstärkt, indem diese in das eigene negative Weltbild eingepasst werden. *Die* Wahrheit gibt es schließlich nicht. Was ein Mensch für wahr hält, ist das Ergebnis eines Abgleichs seiner Erfahrungen mit seinen Erwartungen an sowie Eindrücken von seiner gegenwärtigen Wirklichkeit. Das Problem des »postfaktischen Zeitalters« ist gar nicht so sehr, dass Menschen die Fakten nicht sehen wollen, sondern dass sie den herkömmlichen Deutungsmustern der Fakten misstrauen. Und den Menschen, die bislang die Deutungshoheit für die Fakten beansprucht haben: den Wissenschaftlern und Politikern. Die Polkappen schmelzen, und es wird wärmer? Mag sein. Aber wenn sich Politik und Wissenschaft in großer Breite hinsichtlich der Ursachen einig sind, dann muss daran etwas faul sein – zumal die Bekämpfung der Ursachen vor allem wieder *unser* Geld kosten wird.

Die Wut und die Ängste mögen übertrieben sein, ihre Instrumentalisierung ist jedoch von der im Rahmen der freiheitlichen Grundordnung gewährten Freiheit gedeckt: Der freiheitliche Staat gibt dem einzelnen Bürger, solange er sich an die Gesetze hält, sogar die Freiheit, die Freiheit abzulehnen. Die politische Instrumentalisierung von Wut und Ängsten ist gleichwohl gefährlich, wenn diese gegen bestimmte Menschen und Menschengruppen gerichtet werden – was der Normalfall ist, denn Gefühle von Bedrohung und Kränkung fragen nach dem Warum und dem Woher, suchen nach einem

Verantwortlichen, einem Sündenbock. Wut und Ängste gehen aber auch im sogenannten postfaktischen Zeitalter vielfach auf reale Enttäuschungen und Frustrationen zurück. Erfahrungen, die den bereits angesprochenen spezifisch ostdeutschen Verlusten ähneln, finden sich auch in anderen Landesteilen, vor allem dort, wo der industrielle Strukturwandel Arbeitsplätze und Traditionen gekostet hat. Vergeblichkeitserfahrungen und Enttäuschungen, das illustriert der eingangs dieses Kapitels zitierte Vers aus dem biblischen Buch des Predigers, gehören seit jeher zum Leben des Menschen dazu. Wie der Frust, der aus beidem folgen kann. Sofern die Erfolge der AfD in Umfragen und bei Wahlen ein brauchbarer Frustindikator sind, ist dieser Frust zwar kein ostdeutsches Phänomen, in den jüngeren Bundesländern jedoch stärker verbreitet als in den älteren.

Wer in die Statistiken schaut und eine Fahrt über Land macht, mag sich freilich auf den ersten Blick die Frage stellen, wo denn aktuell die Vergeblichkeitserfahrungen und Enttäuschungen herkommen sollen. Wenn ich mit Menschen aus dem Westen Deutschlands spreche, die wenig bis keine persönliche Erfahrung mit dem Osten Deutschlands haben, artikuliert sich dieser erste Blick immer wieder in der Frage, was die »Ossis« denn eigentlich zu meckern haben: neue Autobahnen, neue Straßen, Spaßbäder, schmucke Häuser, renovierte Kirchen. Die haben doch alles bekommen, während bei uns die Brücken verrotten, heißt es dann. Das Klischee von vergoldeten Straßenbahnschienen und marmornen Bürgersteigen und Fußgängerzonen wird bis ins politische Kabarett hinein gepflegt. Doch trotz aller Stilblüten, die der Aufbau Ost hervorgebracht haben mag, ist es ein Klischee – freilich eines, das sich hartnäckig hält.

Natürlich ist es zum Glück richtig, dass sich im Osten Deutschlands viel getan hat. Ein Blick in die Statistiken zeigt, dass zum Beispiel im Landkreis Leipzig die Arbeitslosigkeit inzwischen im Bundesdurchschnitt liegt: Eine Quote von sechs Prozent ist insbesondere angesichts des demografischen Wandels der Vollbeschäftigung näher als der Massenarbeitslosigkeit. Das war vor einigen Jahren noch anders, aber der Trend hält schon eine ganze Weile an. Ich habe bislang auch noch nicht einen einzigen Menschen hier getroffen, der seinen Arbeitsplatz an einen Asylbewerber oder Flüchtling verloren hätte. Die bleiben nämlich ganz überwiegend gar nicht hier, auch sie zieht es mehrheitlich in die großen Städte im Osten, vor allem aber auch im Westen Deutschlands. Ob die mit dem neuen Integrationsgesetz seit Anfang 2016 grundsätzlich bestehenden, von den Bundesländern bislang jedoch unterschiedlich umgesetzten Möglichkeiten von Wohnsitzauflagen das wirklich ändern und etwa der Bildung oder dem Anwachsen von Problemstadtteilen in den Großstädten[36] entgegenwirken können, wird sich erst noch zeigen müssen. Die Verpflichtung, auch nach der Anerkennung als Flüchtling in einem bestimmten Landkreis wohnen zu müssen, trifft ja nur diejenigen, die (vorerst) keinen Arbeitsplatz finden.[37] Wohnsitzauflagen werden den allgemeinen Trend zum Umzug in die Großstädte darum kaum aufhalten, solange neue und attraktive Arbeitsplätze vornehmlich dort entstehen – womit ein Teil des eigentlichen Problems in den Fokus kommt.

Auf den zweiten Blick stellt sich die Lage komplexer dar, als es die Klischees und ersten Eindrücke vermitteln. Den zweiten Blick bekommt man allerdings erst, wenn man die inzwischen überwiegend sechsspurig ausgebauten Autobahnen zwischen dem Ruhrgebiet beziehungsweise München und Berlin verlässt. Der zweite Blick setzt voraus, dass man gut zuhört und genau hinsieht. Der zweite Blick setzt voraus, dass man die Menschen ernst nimmt und sie nicht innerlich oder öffentlich dem Spott preisgibt, weil ihre Lebensrealität eine andere, aber deswegen nicht grundsätzlich weniger wertvolle ist als an den bildungsbürgerlichen und mehrheitlich westdeutschen Orten der Universitäten und der Hochkultur. Der zweite Blick eröffnet immer noch Eindrücke von Rückzug, Abbau und Verfall. Der zweite Blick zeigt Menschen, die sich bemühen, trotz schrumpfender und alternder Bevölkerung, trotz Infrastrukturabbau und Rückzug des Staates aus der Fläche die Orte, die sie Heimat nennen, mit Leben zu füllen und lebens- und liebenswert zu halten. Sie engagieren sich in Ortschaftsräten und Dorfvereinen, in Kirchgemeinden, Sportvereinen und der Freiwilligen Feuerwehr. Sie organisieren Dorffeste und rücken aus, wenn Feuer oder Hochwasser drohen. Sie setzen dafür viel Zeit und Geld ein und arrangieren sich auch lange mit Provisorien.

Die Menschen, die versuchen, sich dem Trend zum Strukturabbau im ländlichen Raum entgegenzustemmen, können durchaus Erfolge vorweisen. Aber sie erleben auch häufig, dass ihr Einsatz vergeblich ist, und immer wieder scheinen »die da oben« und ihre Regeln dafür verantwortlich zu sein. Wo Schulen geschlossen werden, gehen irgendwann die Lehrer. Wo Krankenhäuser geschlossen werden, gehen Ärzte und Pflegepersonal. Wer zum Studium die Dörfer verlässt, kommt oft nicht zurück, weil die beruflichen Perspektiven fehlen. Der demografische Wandel beschleunigt sich. Feuerwehren werden aufgelöst oder zusammengelegt, weil kein Geld für neue Fahrzeuge da ist. Oder für ein neues Gerätehaus. Oder weil der Umbau eines vorhandenen Gebäudes an denkmalschutzrechtlichen Vorschriften scheitert. Oder an den Richtlinien für die Vergabe von Fördermitteln. Die bringen bisweilen bemerkenswerte Kuriositäten hervor. Dächer etwa, die ganz überwiegend neu aussehen, aber noch einige Reihen sichtbar alte Dachziegel aufweisen – weil kein neues Dach, sondern nur eine Dachreparatur förderfähig war. Ums Geld, um die Höhe der Fördermittel aus den verschiedensten Programmen, die oft ganz erheblich aus Mitteln der Europäischen Union gespeist werden, ging es dabei in den vergangenen Jahren eher selten. Fünf der sechs Kirchen in meinem Dienstbereich sind zwischen 2009 und 2014 ganz wesentlich mit Mitteln aus dem LEADER-Programm der EU renoviert worden. Es gibt hier kaum noch öffentliche Gebäude, an denen nicht ein Schild hängt, das auf EU-Förderung hinweist. Daran liegt die EU-Skepsis kaum. Frustrierend ist allerdings immer wieder der Papierkram, der mit solchen Programmen verbunden ist. Nicht weil man unwillig wäre, Formulare auszufüllen, sondern weil mancher Fragenkatalog zur Beurteilung, ob eine beantragte Maßnahme auch sinnvoll ist, nur sehr bedingt auf die konkreten Verhältnisse eines kleinen Dorfes zugeschnitten ist. Mit statistischen Fragebögen sieht es oft ähnlich aus. Denkt man einen Moment darüber nach, lässt sich das inhaltlich begründen. Wo landesweit oder auch im Bereich der EKD bundesweit möglichst umfassend Daten in standardisierten Verfahren erhoben werden sollen, wird notwendig auch nach Dingen gefragt, die es auf dem Land selten bis gar nicht gibt. Die Konsequenz, einen Fragebogen weitgehend leer zurückzuschicken, kann gleichwohl den Eindruck hinterlassen, dass seine Macher von den Verhältnissen in den Dörfern nichts wissen und nichts verstehen. »Das ist mal wieder so ein Papier von Städtern, die keine Ahnung haben, wie es hier aussieht, uns aber vorschreiben wollen, was wir zu tun haben.«

Aussehen tut's zum Beispiel immer wieder so: Wettbewerb im öffentlichen Nahverkehr wird als Ausdünnung von Fahrplänen und Verschlechterung der Leistung erlebt – bei gleichwohl steigenden Preisen. Dorfgemeinschaftshäuser verfallen,

Krankenhäuser werden geschlossen, Schulen sind in ihrem Bestand in Gefahr. Gemeinden und Kirchgemeinden gehen in größeren Einheiten auf. Dafür gibt es allerlei Gründe. Für eine einzügige Dorf-Grundschule braucht man bei Klassenstärken zwischen 20 und 28 Schülerinnen und Schülern 80 bis 100 Kinder zwischen sechs und zehn Jahren. Wenn die in einem Dorf nicht mehr zusammenkommen, müssen Kinder aus zwei Dörfern in eine Schule gehen. Die Zahl der Schüler pro Schule, die Zahl der Kinder pro Lehrer bleibt gleich. Die Kinder sind auf dem Papier nicht schlechter versorgt, jedes Kind hat weiterhin »seine« Schule. Aber in dem Dorf, dessen Schule schließt, wird man sagen: »Wir haben keine Schule mehr.« Das sagt man dort, wo ich lebe, in mindestens fünf von sechs Dörfern.

Fehlendes Geld ist also keineswegs immer der Kern des Problems. Aber fehlendes Geld wird gerne angeführt, wenn unpopuläre Entscheidungen gerechtfertigt werden sollen. Umso größer der Frust, wenn dann plötzlich doch Geld da ist. Wenn öffentliche Bauprojekte unter dem Hinweis auf klamme Kassen über Jahre verzögert oder auf den Sankt-Nimmerleins-Tag verschoben werden, dann aber plötzlich scheinbar ohne Probleme eine Flüchtlingsunterkunft gebaut werden kann. Dass das eine mit dem anderen nicht in unmittelbarem Zusammenhang steht, ist richtig, aber nur schwer vermittelbar.

Unverständlich bleibt vielen Menschen auch der Umgang der Politik mit internationalen Konzernen, insbesondere Banken. Ich bin kein Wirtschaftsfachmann. Ich will gerne glauben, dass ein weitreichender ungebremster Kollaps des Bankensystems infolge der Lehman-Pleite oder der Euro-Krise gerade Kleinsparer faktisch alles hätte kosten können. Wer sein Erspartes im Wesentlichen in Form von Bareinlagen bei Kreditinstituten und Schuldverschreibungen bei Staaten hat, ist von deren Stabilität weit abhängiger als jene, deren Vermögen breit gestreut sind. Insofern mag die Rettung der europäischen Banken auch um den Preis rasant steigender Staatsschulden kurzfristig das kleinste Übel gewesen sein. Vielleicht sehen wir aber heute die langfristigen Kosten: Menschen, denen über ein Jahrzehnt lang Selbstverantwortung und Sparzwänge gepredigt wurden, machen an den Wahlurnen deutlich, dass sie für das Funktionieren einer freiheitlichen Demokratie mindestens genauso systemrelevant sind wie die großen Banken.

Frust über politische Entscheidungen breitet sich auch aus, wenn die Verantwortung auf der jeweils nächsthöheren Ebene gesucht wird. Kommunen beklagen, dass ihre Haushalte weitgehend von landes- und bundesrechtlichen Vorgaben bestimmt werden. Sie weisen nicht zu Unrecht darauf hin, dass ihnen europäische Vorschriften hinsichtlich der europaweiten Ausschreibung öffentlicher Aufträge wenig bis keinen Spielraum lassen, bevorzugt regionalen Betrieben Aufträge zu erteilen. Landespolitiker klagen über den Bund, Bundespolitiker über die Vorgaben aus Brüssel. Nach dem Brexit-Votum wiesen viele Kommentatoren darauf hin, man dürfe sich über die EU-Skepsis nicht wundern, wenn bei nationalen Problemen regelmäßig mit dem Finger auf Brüssel gezeigt werde. Man sollte sich in der Tat nicht wundern, wenn Bürger Politikern irgendwann keine Verantwortung mehr übertragen wollen, die jede Verantwortung für Entscheidungen von sich weisen, und sei es durch Verweis auf die Anforderungen einer globalisierten Welt, die gewisse Entscheidungen leider alternativlos machten. Auch wenn in einer komplexen Welt selten ein Einzelner allein die Verantwortung trägt: Es ist frustrierend, sich anzuhören, warum sich irgendetwas gerade leider nicht ändern lässt. Der Eindruck, in seinen Entscheidungen nicht frei zu sein, dass man ja könnte, wenn man nur dürfte, untergräbt langfristig das Vertrauen in die Politik, da nicht mehr verstanden wird, warum man nicht darf, wie man möchte.

Immer wieder hat man schließlich im vergangenen Vierteljahrhundert erlebt, dass schmerzhafte Einschnitte als Fortschritt präsentiert wurden: schlankere Strukturen, die günstiger und dafür effektiver arbeiten sollen. Das Ergebnis im Alltag vieler Menschen sind weitere Wege: zur Schule, zu Ärzten, zu Ämtern, zu Banken, zu Einkaufsmöglichkeiten. Die Hoffnung, dass veränderte, vor allem größere Strukturen eine Verbesserung der Lebensqualität bringen könnten, haben viele Menschen schon lange aufgegeben. Hört man sich um, heißt es eher resignierend, es sei im Grunde ziemlich egal, was man tue. »Die machen doch eh, was sie wollen.« Innerhalb der Kirche ist das leider nicht anders. »Kirche mit Hoffnung in Sachsen« heißt ein im Herbst 2016 veröffentlichtes Papier, in dem die Rahmenbedingungen für kirchliches Arbeiten und Vorgaben für die strukturellen Veränderungen innerhalb der sächsischen Landeskirche bis 2040 beschrieben werden. Mehr als einmal habe ich zu hören bekommen, von Hoffnung könne da doch ehrlicherweise keine Rede sein. Resignation und Frust machen sich auch unter denen breit, die eigentlich von Hoffnung künden sollen.

Und der Herr sprach zu Abram: Geh aus deinem Vaterland und von
deiner Verwandtschaft und aus deines Vaters Hause
in ein Land, das ich dir zeigen will.
1 Mose 12,1

Perspektivwechsel

Am 8. Juli 2012 blickte ich während einer Predigt in ungewohnt viele erschrockene Gesichter. Das ist an sich nicht schlimm, es kann durchaus ein Zeichen einer gelungenen Predigt sein. Eine Predigt ist der Versuch, das im biblischen Text überlieferte Wort Gottes hier und jetzt zur Sprache zu bringen. So weit besteht einigermaßen Einigkeit, obwohl spätestens seit der Zeit der Aufklärung die Meinungen darüber, wie und inwiefern die Bibel als Gottes Wort verstanden werden kann, weit auseinandergehen. Mehr als ein Buch ist darüber geschrieben worden, und wann immer innerhalb der Kirche grundsätzliche Neuerungen zur Sprache kommen – in den vergangenen Jahrzehnten vor allem im Umgang mit Homosexualität –, steht im Kern die Frage im Raum, warum und in welcher Weise »Gottes Wort« eigentlich auslegungsfähig beziehungsweise auslegungsbedürftig sei. Zu welcher Antwort man hier auch kommt, den Predigern bleibt die Aufgabe, Worte, die zweitausend Jahre alt und älter sind, hier und jetzt neu zur Sprache zu bringen. Eine Predigt, die nichts Neues zu bieten hat, keinen Moment des Erstaunens, Erschreckens oder kritischen Nachdenkens über die Gegenwart erzeugt, sondern ihre Hörer lediglich in ihren bereits mitgebrachten Meinungen bestätigt, mag wohlige Gefühle der Harmonie erzeugen, aber verfehlt doch ihr eigentliches Ziel. Manchmal ist das so. Auch Prediger sind nur Menschen, die ihre Arbeit mal besser und mal schlechter tun.

Auf den ersten Blick ist eine Predigt ein ziemlich einseitiges Unternehmen: Einer redet, die anderen hören zu (oder auch nicht). Eine Predigt kann allerdings viel mehr Interaktion enthalten, als das klassische optische Setting einer Kanzelrede von oben nach unten vermuten lässt. Die Reaktionen der Hörer während der Predigt (Gesten, Mimik, Seufzen, Lachen) stellen nur einen Ausschnitt der Interaktionsmöglichkeiten dar. Die erschrockenen Gesichter am 8. Juli 2012 riefen mir in Erinnerung, wie unterschiedlich Lebensentwürfe und Lebensgefühle sind. Wie fremd manchen meiner Nachbarn mein Lebensentwurf vorkommen muss. Welche Vorstellungen und Vorurteile ich selbst mit mir herumtrage und welche an mich herangetragen werden. Als ich im Herbst 2009, als der Wechsel nach Tautenhain absehbar wurde, hier erstmals einen Gottesdienst besuchte, wurde mir im Anschluss gesagt, die Vorgängerin sei ja »eine Studierte mit Doktortitel gewesen«, und ich konnte nur antworten: »Na, dann herzlichen Glückwunsch, so was habe ich auch.« Welche Spannungen und Missverständnisse daraus erwachsen können, dass man zwar dieselben Worte verwendet, aber in verschiedenen Lebenswelten unterwegs ist und daher unterschiedliche Sprachen spricht, wurde mir erst im Laufe der Zeit deutlich. Nach zweieinhalb Jahren, im Sommer 2012, hatte ich es schon fast wieder vergessen.

Jener 8. Juli 2012 war der 5. Sonntag nach Trinitatis. Als Predigttext war 1 Mose 12,1–4a vorgeschlagen, Gottes Auftrag an Abram, der später Abraham heißt, das Land seiner Väter zu verlassen und in einem anderen Land für sich und seine Nachkommen eine Zukunft zu suchen – nicht erst und nur durch die Erzählung vom Auszug aus Ägypten ist Migration ein zentrales biblisches Thema. Im Sommer und Herbst 2015, auf dem Höhepunkt der Flüchtlingskrise, wurde ich mehrfach gefragt, ob ich mir die dazu passenden Predigttexte ausgesucht hätte. Habe ich nicht, die jeweils vorgeschlagenen traditionellen Lese- und Predigttexte gaben das ganz von allein her. Menschen, die auf der Suche nach einer besseren Zukunft für sich und ihre Kinder auswandern, hat es genauso wie Menschen auf der Flucht schon immer gegeben. Die Texte der Bibel zeigen das immer wieder, sie sind in dieser Hinsicht mitten aus dem Leben gegriffen.

Der Gottesdienst am 8. Juli 2012 wurde ausnahmsweise nicht in der Kirche gefeiert, sondern im Festzelt, das anlässlich des Dorffestes in Frauendorf aufgestellt worden war. Zur Illustration des Themas Aus- und Umzug hatte ich eine Umzugskiste mit einigen Gegenständen gefüllt und mitgebracht. Manches Gesicht zeigte Züge des Erschreckens, als ich sagte, ich hätte wieder Umzugskisten vom Dachboden geholt, zusammengefaltet und gefüllt – unter anderem mit vielen Büchern. Die erschrockenen Gesichter entspannten sich, nachdem klar geworden war, dass es nicht meine Bücher gewesen waren, sondern jene meiner großen Tochter, die während der vorangegangenen Woche innerhalb des Hauses in ein anderes Zimmer gezogen war. Ich arbeitete damals, im Sommer 2012, seit gut zweieinhalb Jahren in Tautenhain und Umgebung. Meine erste Pfarrstelle. Das Ende der dreijährigen Probezeit wurde absehbar, und in den Gemeinden wurde die Frage lauter, ob der Pfarrer denn wohl über den Probedienst hinaus bleiben wolle.

Die damalige Frage nach meinem Bleiben oder eventuellen Gehen ist vor dem Hintergrund des kirchlichen Dienstrechts zu sehen. Die erste Pfarrstelle kann man sich nicht aussuchen, oft handelt es sich um Stellen, die im regulären Verfahren nicht wieder besetzt werden konnten, weil sich niemand beworben hatte. Die meisten dieser Pfarrstellen, jedenfalls in den ostdeutschen Landeskirchen, sind nicht in der Stadt, sondern auf dem Land. Wünsche der Kandidatinnen und Kandidaten, insbesondere familiäre Bedürfnisse, werden in der Regel möglichst berücksichtigt, aber für die meisten jungen Pfarrerinnen und Pfarrer bedeutet spätestens der Probedienst den Umzug aus der Stadt aufs Land.

Während der letzten Monate unseres Vikariats haben wir im Vikariatskurs entsprechend die Amtsblätter unserer Landeskirchen nach erneut ausgeschriebenen Stellen durchforstet – denn die Wahrscheinlichkeit, dass diese Stellen »im

Topf« waren, war recht groß. Wie die Sorge, irgendwo in der gefühlten Wüste zu landen, fern von den Freizeit- und Kulturangeboten, die man während des Studiums in welcher Universitätsstadt auch immer liebgewonnen hatte. In den Kinos lief damals »Willkommen bei den Sch'tis«, Dany Boons Erfolgskomödie über einen von Kad Merad verkörperten, nach Nordfrankreich strafversetzten südfranzösischen Postbeamten. Wir hatten zwar keine Strafversetzung vor uns, aber es war klar, dass die Wahlmöglichkeiten eher begrenzt sein würden. Für einige war es sehr absehbar, dass sie nach dem Probedienst bei erster Gelegenheit die Stelle wechseln würden – zurück in das gewohnte städtische Umfeld.

Wenn ich im Sommer 2012 den Begriff »Umzug« in den Mund nahm, schrillten bei manchen meiner Gemeindeglieder entsprechend die innerlichen Alarmglocken. Ich war ja schließlich erst gut zwei Jahre da – da hat man sich, überspitzt gesagt, auf dem Dorf gerade mal so gut miteinander bekannt gemacht, dass man möglicherweise weiß, ob man sich wirklich kennenlernen will. Als ich im Herbst 2009 die Umzugskisten eingepackt hatte, um von Leipzig nach Tautenhain zu ziehen, war das der fünfte Umzug innerhalb von zwölf Jahren. Unter Universitätsabsolventen in den ersten Berufsjahren war dies wahrscheinlich schon damals unterdurchschnittlich. Ausgepackt habe ich meine Kisten an einem Ort, wo ich Menschen kennengelernt habe, die selbst noch nie eine Umzugskiste gebraucht haben, weil sie in ihrem Leben nie umgezogen sind. Das bedeutet nicht, dass sie nichts von der Welt gesehen hätten, geschweige denn nichts von ihr wüssten. Sie sind auch nicht dümmer als Menschen, die in großen Städten leben. Ihre Perspektive auf die Welt und das Leben ist einfach eine andere als in der Stadt. Das Lebenstempo ist unterschiedlich. In einer Großstadt wäre ich im Laufe der vergangenen sieben Jahre vermutlich mindestens einmal umgezogen. Hier werde ich auch nach sieben Jahren immer noch manchmal gefragt, ob ich mich denn schon eingelebt hätte.

Das soziale Leben auf dem Dorf folgt anderen Notwendigkeiten und Gesetzen, als ich es in den Städten meiner Jugend- und Studienjahre kennengelernt habe. Es gibt auf dem Land zwar sehr viel Raum, aber vergleichsweise wenig Platz. Wer in der Stadt seinen Platz sucht, hat meist verschiedene Möglichkeiten zur Auswahl. Wem der Pfarrer in seiner Stadtteilgemeinde nicht passt oder wer die Kirche drei Kilometer weiter einfach schöner findet als die Kirche nebenan, kann gehen und dort seinen Platz finden. Mit Sport- und Kulturvereinen oder mit der Lieblingskneipe ist es ebenso. Auf den Dörfern gibt es alles das, wenn überhaupt, meist nur einmal, von der Kirchgemeinde und der Freiwilligen Feuerwehr über den Verein, der die Dorffeste ausrichtet, oder den Karnevalsclub bis zum Sportverein. Wer hier seinen Platz finden, sich vor Ort engagieren möchte, muss sich in die vorhandenen Strukturen weitgehend einfügen. Das gilt für die Zugereisten, aber nicht weniger für die Eingeborenen, die an ihrer Heimat hängen. Den Ort, in dem schon Groß- und Urgroßeltern gelebt und gearbeitet haben, wo die Kirche steht, in der man geheiratet hat und wo Kinder getauft und verstorbene Angehörige und Freunde betrauert wurden, lässt man nicht so einfach hinter sich.

Der Begriff »Integration« hat auf dem Dorf deshalb einen anderen Klang und ist mit anderen Erwartungen verbunden als in der Stadt. Nur ein Beispiel: Während der Göttinger Studienzeit habe ich einige Jahre in der Kantorei St. Jacobi mitgesungen. 100 bis 120 Sängerinnen und Sänger, viele Studenten, entsprechend hohe Fluktuation: Wenn man kommt, weiß man, dass man sehr wahrscheinlich nur einige Jahre da sein wird, aber für diese Zeit gehört man dazu, ist integriert. Zieht man dann weiter, wird sehr wahrscheinlich der Nächste kommen. Wechsel als Chance auf eine Verjüngung, einen neuen Akzent. Wenn auf dem Dorf jemand geht, lässt sich die Lücke nicht so leicht schließen. Schon deshalb, weil weniger kommen. Im Begriff Integration schwingt eine Hoffnung, eine Erwartungshaltung mit, die Dauerhaftigkeit und einen starken Wunsch nach Verbindlichkeit und Verlässlichkeit beinhaltet – Dinge, die Zeit brauchen. Zeit auch zum Zuhören, um sie zu verstehen. Zeit aber ist unserer Tage ein knappes Gut.

Ernsthaft?

Ephraim Kishon (1924–2005), in Ungarn geborener Schrift-steller, Journalist und Regisseur, gilt als einer der erfolgreichs-ten Satiriker des 20. Jahrhunderts. Neben vielen anderen Aus-zeichnungen erhielt er 1978 den »Orden wider den tierischen Ernst«. Die seinerzeitige Begründung bleibt, auch wenn Ki-shon die Auszeichnung 2002 wieder zurückgab. In der Be-gründung hieß es unter anderem, Kishon »trage mit seinem Humor dazu bei, den Umgang von Politikern und Behörden mit den Bürgern zu humanisieren« – so ist es jedenfalls auf der Umschlagrückseite eines Doppelbandes aus dem Jahr 1993 zu lesen,[38] eine Einschätzung, die sich in diesem Zusammenhang vor allem auf den zweiten Beitrag des Doppelbandes bezieht.

»Der Fuchs im Hühnerstall. Ein satirischer Roman« ist in deutscher Sprache erstmals 1969 erschienen. Kishon erzählt darin die fiktive Geschichte des Berufspolitikers Amitz Dul-nikker, der nach einem Herzinfarkt auf Anweisung seines Arz-tes eine »Auszeit« nimmt und sich dafür das kleine Dorf Kim-melquell aussucht, da es das dörflichste und am weitesten abgelegene aller israelischen Dörfer sei. Was der Politiker dort vorfindet, sind im modernen Sinne vorpolitische, vermeintlich paradiesische Zustände: kein Bürgermeister, kein Gemeinderat, kein Verwaltungsapparat. Die Dorfbewohner leben und organisieren ihr Leben in einträchtiger Gemeinschaft und leben trotzdem – bescheiden, aber zufrieden. Was der Berufspolitiker am Ende des Romans zurücklässt, ist ein in den reißenden Fluten eines Wadis untergegangenes Trümmerfeld. Vor lauter Wahlkampf, plötzlich aufgeblähter Verwaltung, unnützen öffentlichen Bauprojekten, Intrigen und Ränkespielen, welche die anfangs friedlichen Dorfbewohner gegeneinander aufgebracht haben, hat niemand daran gedacht, vor der Regenzeit die das Dorf schützenden Dämme instand zu setzen.

Als gute politische Satire lebt auch diese Erzählung von der Übertreibung. Sie legt den Finger in die Wunde und zeigt Missstände auf, die entstehen, weil in einer komplexen Welt am Ende Menschen handeln, stets in der Gefahr, betriebsblind für die Folgen der eigenen Fehler zu werden. Kishons Dulnikker ist davon überzeugt, dass er den Fortschritt bringt – und zerstört dadurch ein Paradies. Aber auch das Paradies ist selbstverständlich eine Übertreibung. Kein Strom, kein Telefon, Postversorgung mangels Masse eingestellt, einzige regelmäßige Verbindung zur Außenwelt einmal pro Monat ein Genossenschafts-LKW, im Notfall anzufordern per Brieftaube. Der Gegenentwurf, aber doch keine wirkliche Alternative zur modernen Zivilisation, auf deren Annehmlichkeiten trotz bekannter Zivilisationsprobleme der durchschnittliche Leser dann doch nicht verzichten möchte. Als satirischer Roman fordert »Der Fuchs im Hühnerstall« nicht die Abschaffung der Politik, sondern hält ihr einen Spiegel vor – wohl wissend, dass moderne Gesellschaften ohne Politik und Politiker nicht existieren können. Die Satire vereinfacht, überspitzt, übertreibt, zeichnet die Welt in Schwarz und Weiß und ist sich doch der Grautöne der Realität bewusst. Wenn sie gut ist, regt sie zum Nachdenken über die Grautöne und über die Ambivalenzen des eigenen Handelns und Daseins an – und wenn der Leser in der Lage ist, beides zu erkennen, zu herzhaftem Lachen. Ein Lachen auch oder gerade wegen des eigenen Verhängnisses, in Zusammenhänge eingebunden zu sein, die grotesk erscheinen, aus denen es aber kaum ein Entkommen gibt – und die sich darum vielleicht am besten mit Ironie und Humor ertragen lassen.

Wer die Grautöne und die eigene Verstricktheit in die Probleme der Welt nicht sehen kann oder sehen will, dem bleibt das Lachen im Halse stecken. Vor bald einem Jahrhundert attestierte schon Kurt Tucholsky in seinem seither vielfach zitierten Text »Was darf die Satire?«, zuerst erschienen im Berliner Tageblatt vom 27. Januar 1919,[39] dem Deutschen, er verstehe die Satire nicht. Man könnte meinen, es habe sich seitdem nicht viel geändert. Heiko Werning und Volker Surmann stellen in ihrer Einleitung zu »Ist das jetzt Satire oder was?« fest: »Nun sollte man denken, dass eingedenk des flächendeckenden Bombardements durch Satire die Deutschen im Umgang mit ihr mittlerweile geübter wären. Doch weit gefehlt. So viel derzeit auch rumsatirt wird, so wenig scheinen die Rezipienten, Verbreiter und Verbraucher von Satire mit ihrem Wesen vertraut zu sein, wie die Reaktionen zeigen, wenn sie wirklich mal trifft ...«[40]

Ich bilde mir zumindest ein, dass das vor gut 20 Jahren, als ich »Der Fuchs im Hühnerstall« erstmals las, anders war. Aber vielleicht war es damals, in der Zeit vor Smartphones und sozialen Netzwerken, einfacher, die Beleidigten und die, die Ironie und Komik nicht verstanden haben, zu übersehen. Heute scheint kaum eine Übertreibung grotesk genug zu sein, als dass sie nicht von einigen Menschen für bare Münze genommen würde. Wenn Satire die Absurditäten und Widersprüche des Politikbetriebs aufs Korn nimmt, kommt bei ihnen an: »Alle Politiker sind korrupt.« Wenn zu Recht die Steuervermeidungsstrategien oder anderer Lobbyismus mancher Großkonzerne angeprangert werden, bleibt übrig: »Die Lobbyisten sind doch die, die wirklich regieren.« Ich erinnere mich an Gespräche bereits vor einigen Jahren, in denen von mir geschätzte Kabarett- und Satireformate wie *extra3*, die *heute-show* und *Neues aus der Anstalt*, heute *Die Anstalt*, als letzte zuverlässige Nachrichtenquellen bezeichnet wurden. In den klassischen Nachrichtensendungen werde die Wahrheit ja gar nicht mehr offen ausgesprochen. Die positive Einstellung zur Satire ändert sich freilich sehr schnell, wenn sie die jeweils eigene Wahrheit infrage stellt. Und umso heftiger, je mehr die eigene Wahrheit nicht mehr nur für eine mögliche, sondern für die einzige Wahrheit gehalten wird. Wenn man sich plötzlich selbst als Zielscheibe eines Spottes sieht, der mit der Ausstrahlung einer Fernsehsendung nicht vorbei ist, sondern sich schier endlos oft wiederholen und in sozialen Netzwerken in Windeseile teilen lässt und dadurch dauerpräsent wird.

Auch durch diese stetige Verfügbarkeit des Spottes und der Übertreibung scheinen die Grenzen zwischen Satire und Sachdiskussion, zwischen Ironie und Ernst, für immer mehr Menschen zu verschwimmen. Je mehr die Polarisierungen und Übertreibungen, die im Rahmen der Satire ihr Recht und ihren Platz haben, im Alltag normal werden, desto ernster werden sie genommen – und umso persönlicher. Simon Urban konstatierte Ende Juli in DIE ZEIT, wir Deutschen seien zunehmend ein Volk der Beleidigten,[41] und forderte: »Es gibt Dinge, die man aushalten muss. Und zwar ohne Wenn und Aber. Meinungs- und Kunstfreiheit existieren nur ganz oder gar nicht. Wer persönlich angegriffen und beleidigt wird, dem bietet der Rechtsstaat juristische Handhabe.«[42] Vollkommen korrekt. Aber zur Meinungsfreiheit gehört es auch, seine Meinung nicht sagen zu müssen, wenn man sie nicht öffentlich sagen will. Man muss das nicht einmal begründen. Freilich habe ich den Eindruck, dass mancher das inzwischen tut, um nicht unfreiwillig Teil der Kunst oder dessen, was sich dafür hält, zu werden. Häufig wird beklagt, dass insbesondere Menschen im Osten Deutschlands einerseits beklagten, sie kämen in den Medien ja gar nicht zu Wort, dann aber auch nicht bereit seien, das Wort gegenüber Journalisten zu ergreifen. Manchmal werde ich gefragt, woher dieses Misstrauen wohl komme. Ich maße mir keine umfassende Antwort an, dafür können die individuellen Gründe zu verschieden sein.

Nur zwei Gedanken. Zum einen: Wer in einer Welt der Nachrichtensatire und der sozialen Netzwerke Interviewausschnitte mit Menschen gesehen hat, die eine Meinung oder gar die Person, die sie äußert, der Lächerlichkeit preisgeben, hat allen Grund, von sich selbst kein solches Bildmaterial zu liefern – und die einzige Möglichkeit, das auszuschließen, ist, vor einer Kamera nichts zu sagen. Politiker und andere Personen des öffentlichen Lebens haben diese Wahl nur eingeschränkt. Sie müssen damit leben, dass sie durch den Kakao gezogen werden, und gegebenenfalls abwägen, ob sie die Grenze zur Beleidigung überschritten sehen oder ob ihnen die mediale Aufmerksamkeit unter dem Strich nützt. Am einfachen Teilnehmer an einer PEGIDA-Demonstration oder einer AfD-Veranstaltung bleibt oft nur der Spott kleben. Seine Nachbarn, auch wenn sie nie mit ihm dort hingingen und seine politischen Ansichten auch nicht teilen, können es gleichwohl nachvollziehen, dass er sich falsch verstanden fühlt, wenn sie ihn im Fernsehen sehen. Also werden sie künftig auch nichts mehr sagen.

Zum anderen: Sosehr die pauschale Medienschelte mit ihren einschlägigen Kampfbegriffen wie jedes Pauschalurteil die Realität allenfalls viel zu ungenau trifft und ich sie in ihrer Totalität für gefährlichen bis paranoiden Blödsinn halte, gibt es doch Beispiele für Berichterstattung und »Sachsen-Bashing«, die viele Menschen an der Unvoreingenommenheit der Medien zweifeln lassen – Unvoreingenommenheit gegenüber den Menschen und ihrer Situation wohlgemerkt. Die Vorstellung, man müsse nach den jüngsten Umfrage- und Wahlergebnissen der Realität ins Auge sehen und unvoreingenommen über Rassismus berichten, weil dieser eine im Volk verbreitete und deswegen zu akzeptierende Haltung sei, ist absurd. An Rassismus ist nichts gut. Punkt. Mehr als einmal jedoch wurden während der Flüchtlingskrise im Sommer und Herbst 2015 in Nachrichten- und Politikmagazinen des öffentlich-rechtlichen Rundfunks positive und negative Beispiele für den Umgang mit Flüchtlingen dargestellt. Und fast immer kam das negative Beispiel aus Sachsen, das positive Beispiel aus einem der alten Bundesländer – obwohl sich auch in Sachsen viele Menschen in berichtenswerter Weise für Flüchtlinge eingesetzt haben und einsetzen.

Wenn aber die Hoffnung im Herzen zu schwach ist, hält man die
Ratlosigkeit für schlimmer als die eigentliche Ursache der Plage.
Weisheit 17,13

Hoffnung

Ein Blick auf das alte, in Teilen bereits ehemals christliche Abendland gibt zum Jahreswechsel 2016/2017 allerlei Anlass zu Sorgen. Menschen haben Angst: vor den tatsächlichen oder vermeintlichen Bedrohungen von außen und immer öfter auch voreinander. Ein Jahrhundert nach den verheerenden Grabenkämpfen im Stellungskrieg des Ersten Weltkriegs scheint sich eine Starre in den Köpfen auszubreiten. Die Polarisierung zwischen »weiter so« und »alles muss anders werden« nimmt zu. Die Polarisierung zwischen Stadt und Land, Verlierern und Gewinnern der Globalisierung, Armen und Reichen, den angeblichen oder tatsächlichen Eliten und dem sprichwörtlichen »kleinen Mann«, die Liste ließe sich fortsetzen. Sorgen, Frust und Zorn wandeln sich in Wut, und das Misstrauen wächst: mit Blick auf die Zukunft, gegenüber dem guten Willen der anderen, gegenüber den Grundlagen des eigenen Selbstverständnisses. Wenn ausgerechnet in jenen Gesellschaften, die sich noch vor einem guten Vierteljahrhundert vor dem Hintergrund des Ost-West-Konflikts programmatisch und selbstbewusst als die *freie* Welt bezeichneten, der

Ruf nach dem (Wieder-)Aufbau und Ausbau von Grenzen, von physischen, kulturellen und wirtschaftlichen, laut wird, dann ist das bei aller martialischen Rhetorik im Kern kein Zeichen von Selbstbewusstsein und Stärke, sondern eher ein Zeichen von Verunsicherung und mangelndem Selbstvertrauen.

Im Ost-West-Konflikt konnte die Freiheit als gesellschaftliches Konzept relativ leicht überzeugen, weil die sozialistische Planwirtschaft den verschiedenen Ausprägungen freier Marktwirtschaft in Sachen Produktivität und Innovationskraft offensichtlich unterlegen war. Darum war Freiheit noch vor einem Vierteljahrhundert weitgehend als Grundbedingung für Wachstum und Wohlstand akzeptiert, und zwar in Form einer individuelle Grundfreiheiten garantierenden freiheitlichen Demokratie mit freiem Markt. Dagegen ist heute ausgerechnet das immer noch von einer sich »kommunistisch« nennenden Partei beherrschte China geradezu ein Paradebeispiel für wirtschaftliches Wachstum und steigenden Wohlstand in einer Diktatur. Unbenommen, dass dieser Wohlstand an Hunderten Millionen Menschen weiterhin vorbeigeht. Unbestritten, dass die Arbeitsbedingungen in vielen Fabriken zum Himmel schreien. In Kosten-Nutzen-Abwägungen zieht die Freiheit, insbesondere die Freiheit anderer, oft den Kürzeren. Sie wird zum Gegenstand des Feilschens – und damit ihres letztlich unbezahlbaren ideellen Wertes beraubt. Am Ende ist es dann nur konsequent, wenn Menschen, denen seit Jahrzehnten die Wichtigkeit von Kosten-Nutzen-Rechnungen gepredigt wurde, auch die Freiheit diesem Denken unterwerfen. Das im Ost-West-Konflikt erfolgreiche Prinzip »Wandel durch Annäherung«, das im Umgang mit Diktaturen auch heute noch gerne bemüht wird, funktioniert dort, wo Freiheitsrechte politischen und wirtschaftlichen Erfordernissen unterworfen werden, wahrscheinlich auch in der umgekehrten, nicht erwünschten Richtung.

In den freiheitlichen Gesellschaften des Westens hat das Vertrauen in die Überzeugungs- und Durchsetzungskraft der Freiheit als Ordnungsprinzip Schaden genommen. Wir befinden uns in einer Art Vertrauens-, Selbstvertrauens- und Sinnkrise. Populistische Angebote zur Krisenbewältigung betonen entsprechend gerne die Notwendigkeit der Rückgewinnung des eigenen nationalen Selbstvertrauens durch Demonstrationen der Stärke, seien es Donald Trumps Versprechen, Amerika wieder großartig zu machen (als ob es dort nicht auch heute bei allen Problemen viel Großartiges gäbe), oder Björn Höckes Suche nach der Wiedergewinnung deutscher Männlichkeit (als könnten Männer neben unabhängigen und gleichberechtigten Frauen keine Männer sein). Aber auch das Vertrauen in den freiheitlichen Staat hat Schaden genommen. Politische Gewalt wird häufiger und von beiden Außenseiten des politischen Spektrums normalisiert. Von rechts, indem der Staat wahlweise für unfähig oder unwillig erklärt wird, seine Bürger zu schützen, weshalb diese das selbst tun, folglich zum Beispiel die Waffengesetze gelockert werden müssten. Von links, soweit der Staat offen oder unterschwellig als Instrument der Mächtigen zur Repression der Bürger wahrgenommen wird.

Zwischen den extremen politischen Polen schrumpft die Mitte der Gesellschaft und beginnt ebenfalls zu zweifeln, ob sie eine Zukunftsvision jenseits von »Vorwärts in die Vergangenheit« und »Weiter so in die Zukunft« hat. Ob sie mit ihren liberalen Überzeugungen wirklich noch die Mitte der Gesellschaft darstellt. Solche Selbstzweifel artikulierten sich nach dem Sieg Donald Trumps etwa in um sich greifender medialer Selbstkritik, man habe den Enttäuschten und Abgehängten, denen, die eigentlich weder Rassismus noch Chauvinismus wollten, beides aber zu tolerieren bereit seien, nicht ausreichend zugehört. Vom Zuhören, vom Verlassen der Kommunikationsblasen, wird viel geredet und geschrieben und dennoch mehr übereinander geredet als miteinander. Zuhören ist wichtig. Ohne die gegenseitige Bereitschaft, einander zuzuhören, können wir nicht miteinander über das reden, wer wir sind und was wir wollen. Aus gegenseitigen Vorwürfen erwächst keine Zukunftsvision, die Orientierung gibt und den Ängstlichen Hoffnung macht.

Der Mensch braucht Hoffnung. Schlimmer als Angst und Furcht ist die Sorge davor, dass es nur noch schlechter werden könnte. Es ist letztendlich dieselbe Hoffnungslosigkeit, die auf der einen Seite der Wohlstandsgrenze Menschen ihr Leben aufs Spiel setzen und auf der anderen Seite nach dem Ende eines Gesellschafts- und Wirtschaftssystems rufen lässt, das zweifellos viele Fehler aufweist, aber auch den größten Reichtum hervorgebracht hat, den es je auf Erden gab. Als wäre die einzige Hoffnung eine Art gesellschaftlicher Reset-Taste, nach deren Betätigung alles ganz neu geregelt werden könnte. Manchmal heißt sie »Systemwechsel« und bringt das angeblich notwendige Ende der System-Parteien, der System-Presse, der System-Wissenschaft. Manchmal kommt sie in Gestalt der Forderung einer Neuverhandlung der EU-Verträge daher. Alles wieder auf null in Europa, weg mit den undurchsichtigen Regelungen und der Bürokratie. Am besten transparent verhandelt und am Ende per Referendum bestätigt. Als drehe sich die Welt nicht unterdessen weiter. Welche Bedeutung Rechtssicherheit für eine Volkswirtschaft hat, kann man derzeit am Beispiel Großbritanniens beobachten. Und dann gibt es noch die krude Form der Reset-Forderung: Es müsse endlich ausgemistet werden. Die virtuelle Welt-Reset-Taste gibt es aber nicht. Und falls es sie doch gäbe und die Welt sich anhalten ließe, wie wäre sie dann nach einem Neustart zu verteilen? Und was an wen? Wenn der Systemwechsel, der Neustart gerecht sein sollte, dürfte es den allermeisten Europäern danach zumindest materiell schlechter gehen als heute.

Europa gibt zu Weihnachten 2016 also ein verunsichertes, ein sorgenvolles, ein teilweise ratloses, teilweise furchtsames Bild ab. Trotzdem wird das Abendland auch in diesem Jahr wieder Weihnachten feiern und die Botschaft des Engels an die Hirten hören: »Fürchtet euch nicht!« Die Frage ist, ob wir auch richtig zuhören. Angesichts der Weltlage, der vielfachen sehr realen Bedrohungen, Unsicherheiten und Unwägbarkeiten ist die Versuchung groß, diesen Zuspruch als naiv abzutun. Ich bin jedenfalls darauf vorbereitet, diesen Vorwurf in unterschiedlichen Formulierungen zu hören: Naiver Pfaffe – keine Ahnung von der Welt – die Kirche soll erst einmal vor der eigenen Türe kehren – Schönredner – Systemprediger – einfältiger Gutmensch – ich bin gespannt, wie lang die Liste wird. Wer in Zeiten von Verunsicherung, Angst, Depression und Polarisierung von Hoffnung spricht, riskiert, sich zwischen die Stühle zu setzen. Aber angesichts der biblischen Botschaft gehört ein Christenmensch heute vielleicht ganz genau dorthin: zwischen die Stühle, wo es unbequem wird.

»Fürchtet euch nicht!«, lautet die Botschaft an die Hirten auf den Feldern bei Bethlehem. »Fürchte dich nicht!«, heißt es in der Bibel immer wieder an die Adresse von Menschen oder Gruppen, die allerlei Ängste und Sorgen hatten. Menschen in Entscheidungssituationen. Das biblische »Fürchtet euch nicht!« wäre als »Macht euch mal keine Sorgen!« vollkommen falsch verstanden. Es ist nicht das Versprechen eines sorgenfreien Lebens, sondern die Zusicherung, gerade in diesem Leben, wie es ist, nicht allein zu sein. Die Botschaft der Bibel richtet sich immer wieder an Menschen, die an der Schwelle zum Neuen stehen – und vor einem Berg von Herausforderungen und Problemen. Es heißt nicht »Fürchte dich nicht!«, *weil* du keine Sorgen haben musst. Es heißt »Fürchte dich nicht!«, *obwohl* du allerlei Sorgen hast. Das weihnachtliche »Fürchte dich nicht!« trägt den Aspekt des Kontrafaktischen in sich. Gerade darin liegt seine Stärke. Es erklingt nicht wegen, sondern trotz des Zustands der Welt. Gegen naive Schönrednerei einerseits und pessimistische Gleichgültigkeit andererseits ist es der Aufruf zu einem gelassenen Optimismus. Die Vergewisserung, in einer Welt, in der vieles gut und richtig, aber vieles auch böse und falsch ist, in der es immer wieder ungerecht zugeht und manches schlicht sinnlos scheint, dennoch sinnvoll leben zu können – ohne Angst vor dem Scheitern.

In einer Gesellschaft, in deren Wertekanon individuelle Freiheit, Selbstverwirklichung und Planbarkeit nebeneinander hohe Stellenwerte haben und der regelmäßig eine fehlende »Kultur des Scheiterns« attestiert wird, ist die Angst vor dem Scheitern virulent. Schon Schulkinder sind davon betroffen, wie es scheint, mit steigender Tendenz. Vielleicht greifen Zukunftsängste auch deswegen um sich, weil wir uns an die Behauptung gewöhnt und ihr gerne geglaubt haben, dass jeder es schaffen kann, wenn er denn nur will, dass derjenige, der scheitert, sich einfach nicht genug angestrengt hat, dass die sogenannte soziale Hängematte deshalb bloß nicht zu engmaschig sein darf, weil sie sonst nur zum Faulsein einlädt[43] – und nun feststellen, dass das so nicht stimmt. Weil man dem Ratschlag der Experten aus Wirtschaft und Politik folgen, hart arbeiten, sich regelmäßig fortbilden, privat vorsorgen und trotzdem im Alter arm sein kann. Wie damit umgehen, wenn der Plan nicht aufgeht? Wie umgehen mit der Fehlerhaftigkeit des Lebens, wie das Scheitern vor sich selbst und anderen rechtfertigen? Einer muss ja die Verantwortung tragen!

Die Angst vor dem Scheitern gehört theologisch in den Bereich des Redens von Schuld und Vergebung – selbst innerhalb der Kirche heute ein schwieriges Begriffspaar. Ob es der Versuch ist, dem Vorwurf des antikirchlichen Ressentiments der westeuropäischen Aufklärung und Säkularisierung zu entgehen, die Kirche rede eigentlich nur deshalb von der Schuld des Menschen, um ihm dann Vergebung und Gnade teuer verkaufen zu können? Jedenfalls wird öffentlich kaum noch von Schuld und Vergebung sowie dem in den Zusammenhang beider gehörenden Institut der Buße gesprochen. Im Rahmen des 500-jährigen Reformationsjubiläums hat sie jedenfalls keinen prominenten Platz erhalten. Ein »Jahr der Buße« sucht man unter den Themenjahren der »Lutherdekade«, die seit 2008 auf das Jubiläum hingeführt hat, vergeblich – obwohl Luther gleich in der ersten seiner 95 Thesen gegen den Ablass die Buße in den Mittelpunkt christlichen Lebens rückte.[44]

Wenn man das Gefühl, das die verschiedenen Teile der weiter auseinanderdriftenden Gesellschaft anscheinend noch verbindet, in einen Satz fassen kann, dann lautet dieser: »So geht es nicht weiter!« – eine Erkenntnis, die durchaus zur Buße, zur Umkehr führen kann. In der christlichen Tradition ist damit zumindest der ernsthafte Wunsch zur Veränderung verbunden, und zwar des eigenen Denkens und Verhaltens. Die verbreiteten politischen und gesellschaftlichen Strategien sehen meist anders aus. Die eine folgt der Hoffnung, dass denjenigen, der alles Menschenmögliche zur Vermeidung der ungewünschten Folge getan habe, keine Schuld treffe. Sie ist meinem Eindruck nach zum Beispiel auf dem Gebiet der Klimapolitik zu beobachten. Es gibt viele gute Gründe, weniger Öl und Kohle zu verbrennen und auch sonst noch erheblich mehr für den Schutz der Umwelt zu tun. Ich sehe auch keinen überzeugenden Grund, den Klimawandel samt dem menschlichen Beitrag dazu zu leugnen. Trotzdem scheint es mir beim Zwei-Grad-Ziel zu einem guten Teil um modernen Ablasshandel zu gehen, nämlich darum, hinterher sagen zu können, alles Mögliche getan zu haben – also nicht schuld zu sein. Oder wenigstens weniger Schuld zu haben als andere, die sich dann vermutlich vorrangig um die Lösung der Folgeprobleme werden kümmern sollen. Das Zwei-Grad-Ziel und die damit verbundenen Umweltschutzmaßnahmen in allen Ehren – aber wann reden wir über die wirklich wichtige Frage, nämlich wohin mit den zig Millionen Menschen, die eine neue Heimat brauchen, wenn das Wasser trotz aller Anstrengungen steigt?

Die zweite, zunehmend gängige Strategie ist die populistische, Schuld als Konzept, jedenfalls als Teil des Selbstkonzeptes, überhaupt anzuzweifeln. Nicht zufällig wird hier vor allem in Deutschland immer wieder ein vermeintlicher »Schuldkult« beklagt, der die Politik angeblich daran hindere, die Interessen des Volkes zu vertreten, und der darum zu überwinden sei. Dazu passt es dann, die Jahrzehnte nach der Reichsgründung von 1871 zu glorifizieren – Ausdruck der Sehnsucht nach einer Zeit, von der man meint, man habe sich damals nicht schuldig fühlen müssen. In beiden Fällen geht es im Kern um den Versuch einer Selbstrechtfertigung. Um die Befreiung von Schuld. Um die Suche nach Vergebung. Es heißt, man müsse sich auch selbst vergeben können. Da ist etwas dran, aber es ist doch nur die halbe Wahrheit. Selbstvergebung ohne den Zuspruch der Vergebung von außen ist nur der Versuch, sich an den Haaren selbst aus dem Sumpf zu ziehen.

Mit dem weitgehenden gesellschaftlichen Schweigen zu Schuld und Buße sind die Angst vor dem Scheitern und die Fragen nach Schuld und Vergebung nicht verschwunden. Wenn die Dinge anders laufen als geplant, fragen wir danach, wer Schuld hat, wer den Fehler gemacht, wer die Verantwortung zu tragen hat. Dabei werden in den letzten Jahren die Grenzen zwischen persönlicher und politischer Verantwortung sowie persönlicher Schuld zunehmend verwischt. Die Behauptung, eine einzige Person, namentlich die Bundeskanzlerin, trage nicht nur die politische Verantwortung für Entscheidungen einer von wechselnden Koalitionen getragenen Politik, sondern sei persönlich geradezu an allem schuld, ist absurd, wird aber offenbar von etlichen Menschen ernsthaft geglaubt – wie bei Twitter anhand zahlreicher Tweets etwa unter den Hashtags #Merkelistschuld und #DankeMerkel nachgelesen werden kann. Einen auch nur vermeintlich persönlich verantwortlichen Menschen kann man eben leichter »vom Hof jagen« – oder nach Chile, wie einst in einer Talkshow im deutschen Fernsehen orakelt wurde.

Im Wunsch nach dem Vom-Hof-Jagen, der sich bei einschlägigen Veranstaltungen dann in »Merkel-muss-weg-Rufen« artikuliert, steckt letztlich der Wunsch nach einem Sündenbock. Dieser Wunsch hat die weitgehende Abschaffung des ritualisierten Umgangs mit Schuld und Vergebung überlebt. Rituale, die wie das biblische Ur-Ritual nicht auf Ausgrenzung abzielen, sondern das weitere beziehungsweise erneute Zusammenleben der (aneinander) schuldig gewordenen Glieder der Gesellschaft ermöglichen sollen. Der biblische Sündenbock in 3 Mose 16 trägt die Sünden des Volkes stellvertretend in die Wüste – damit die Menschen weiter miteinander leben können, obwohl sie Schuld auf sich geladen haben. Das Ziel des Rituals ist Integration. Das Ziel der modernen Sündenbocksuche ist dagegen Ausgrenzung. Die modernen Sündenböcke sollen nicht symbolisch, sondern tatsächlich aus der Gesellschaft, wie auch immer sie konkret definiert wird, ausgeschlossen werden. Bei Zuwanderern ist das relativ einfach. Ihre Ausgrenzung wird mit Verweis auf ihre mangelnde Fähigkeit zur Integration begründet: Sie gehören eigentlich gar nicht dazu. Bei anderen Gruppen braucht es einen Schritt mehr, aber auch der wird gegangen. Die Behauptung, Schwule und Lesben trügen nichts zum Fortbestand der Gesellschaft beziehungsweise des Volkes bei, weil sie – die Begriffe changieren – dem Volk, der Gesellschaft oder dem Staat keine Kinder schenken könnten (als ob Eltern Kinder bekämen, um sie dem Staat zu schenken), ist bestenfalls noch die Vorstufe zur Behauptung, sie hätten in der Gesellschaft eigentlich keinen Platz.

Sobald die Zugehörigkeit zur Gesellschaft von Nützlichkeits- oder Loyalitätserwägungen abhängig gemacht wird, kann die Sündenbockrolle letztlich jeder Gruppe zukommen. Eine menschliche Gesellschaft braucht dagegen integrative Strategien für den Umgang mit Schuld und Vergebung, die Schuld benennen, jedoch darauf abzielen, den aneinander schuldig Gewordenen, und das sind nach christlicher Überzeugung auf die eine oder andere Weise wir alle, wieder ein Zusammenleben zu ermöglichen. Dazu bedarf es eines offenen Umgangs mit- und eines Ablegens der Furcht voreinander. Der Angst davor, dass der andere es ausnutzen könnte, wenn ich mit offenem Visier dastehe. Wer eine offene, eine freie, eine menschliche Gesellschaft möchte, muss dieses Risiko eingehen. Eine menschliche Gesellschaft braucht den Mut zum Fehler. Also: »Fürchtet euch nicht!«

Ihr seid das Salz der Erde. Wenn nun das Salz
nicht mehr salzt, womit soll man salzen?
Matthäus 5,13a

»Fürchtet euch nicht!«

Wie können Christen die Botschaft des Engels auf den Feldern vor Bethlehem heute zum Klingen bringen? Bedarf müsste es ja genug geben in einer Gesellschaft, die auseinanderdriftet, deren bisherige Eliten ratlos und bisweilen auch sprachlos erscheinen, selbst wenn sie viele Worte machen. Einer Gesellschaft, deren Teile immer mehr übereinander und immer weniger miteinander reden, weil sie voneinander zu wenig wissen oder nichts mehr wissen wollen? Das »Fürchtet euch nicht!« der Weihnachtsgeschichte ruft auf, ohne Angst zu leben, trotz der zahlreichen Möglichkeiten des Scheiterns und der durchkreuzten Pläne. Die Worte des Engels, des Gottesboten, rufen dazu auf, der Wahrheit ins Auge zu sehen, dass die Welt, wie sie ist, nicht das Paradies ist – aber dennoch ein Ort der Hoffnung sein kann. Der Hoffnung darauf, dass Leben in Gemeinschaft gelingen kann, allen Widrigkeiten und Unberechenbarkeiten und auch aller Schuld zum Trotz.

Hoffnung in diesem Sinne lässt sich am besten in Wort und Tat wecken. Von der eigenen Hoffnung erzählen und so handeln, dass Hoffnungslosen Perspektiven eröffnet werden.

Dazu tut es not, dass Christen ihren Auftrag ernst nehmen und das Wort der Hoffnung denen zusprechen, denen es gilt: allen Menschen, egal welcher Herkunft, egal welchen Geschlechts. Auch uns selbst. Das »allen Menschen« kann verschiedene biblische Quellen für sich in Anspruch nehmen, vom Schöpfungsbericht im allerersten Kapitel des ersten Buches der Bibel, der von der Gottebenbildlichkeit des Menschen erzählt und eine der Quellen des Menschenwürdebegriffs des Grundgesetzes ist, bis zum sogenannten Missionsbefehl am Ende des Matthäusevangeliums: »Darum gehet hin und lehret alle Völker ...!« Die Einladung an alle, Menschen aller Völker, aller Stände, Männer und Frauen macht die gesellschaftliche Sprengkraft des Christentums aus. In den Gemeinden des Apostels Paulus fielen religiöse und gesellschaftliche Schranken, wurden Grenzen überschritten (Galater 3,28): »Hier ist nicht Jude noch Grieche, hier ist nicht Sklave noch Freier, hier ist nicht Mann noch Frau; denn ihr seid allesamt einer in Christus Jesus.«

Christen haben also notwendig die ganze Welt im Blick, darunter geht es nicht. Die Weltperspektive folgt logisch aus dem Bekenntnis zum allmächtigen Gott, der Schöpfer, Herrscher und Erlöser der Welt ist. Aus diesem Bekenntnis folgt freilich das Gebot eines respektvollen Umgangs mit anders- und nichtgläubigen Menschen. Wenn Gott allmächtig ist, dann kann zumindest nicht die Möglichkeit ausgeschlossen werden, dass auch die Vielheit und Vielfalt der Religionen und Kulturen ihren Sinn hat. Das bedeutet keineswegs, theologisch eine Gleichwertigkeit aller Religionen zu postulieren und so den eigenen Glauben zu relativieren. Was ein weltanschaulich neutraler Staat tun muss, kann ein Gläubiger, jedenfalls ein gläubiger Christ, schwerlich tun, ohne den Kern ebendieses Glaubens aufzugeben. Anderen Religionen beziehungsweise anders glaubenden Menschen mit Respekt gegenüberzutreten, gebieten freilich auch die Warnungen der Bergpredigt (Mt 7,1 ff.) und des Paulus (1 Kor 4,5), sich vorschneller Urteile zu enthalten und Gott das letzte Wort zu überlassen.[45] Nimmt man das Bekenntnis zum dreieinen Gott und den christlichen Glauben ernst, gibt es folglich keinen Grund zur Angst vor der Begegnung oder dem Umgang mit anderen Religionen und ihren Vertretern. Auch hier gilt: »Fürchtet euch nicht!«

Die weihnachtliche Verheißung gilt als Angebot Gottes über Zeit und Raum, über Länder-, Kultur- und Sprachgrenzen hinweg. Spannend ist, dass dies trotz aller die Christenheit bis heute kennzeichnenden Zerrissenheit und trotz der Schuld, die Christen und Kirchen im Laufe der Geschichte auf sich geladen haben, immer wieder funktioniert. Wer im Großen erleben möchte, wie viele Menschen unterschiedlichster Herkunft und Konfession in verschiedenen Sprachen gleichzeitig miteinander singen, beten und reden, kann zum Beispiel den Jugendtreffen in Taizé einen Besuch abstatten. Aber auch im Kleinen kann man erleben, wie kulturelle Grenzen friedlich überschritten werden, etwa in christlichen Gemeinden, die gerade wegen ihrer Flüchtlingsarbeit wachsen. Man kann es ja auch als Chance sehen, wenn man nicht mehr in die Ferne muss, um das Wort weiterzusagen, weil die Menschen aus den Völkern hierherkommen. Ein christlicher Glaube, der sich selbst ernst nimmt, muss sich nicht davor fürchten, der Welt zu begegnen. Und eine Gesellschaft, die sich jedenfalls auch auf christliche Wurzeln beruft, sollte vor der Begegnung mit der Welt keine Angst haben.

Ein jeder Mensch sei schnell zum Hören,
langsam zum Reden, langsam zum Zorn.
Jakobus 1,19

Dialog

Wir müssen miteinander reden – diese Forderung an eine Gesellschaft, der bescheinigt wird, sie zerfalle immer mehr in verschiedene Gruppen, die sich nicht länger verstehen können, wird in Deutschland 2016 immer wieder erhoben. In der Praxis ist das jedoch alles andere als einfach umzusetzen. Ist der Gesprächsfaden erst einmal abgerissen, wird es schwer, wieder miteinander ins Gespräch zu kommen. Sind die Fronten erst einmal verhärtet und ist das Misstrauen gegenüber dem anderen entsprechend gewachsen, steigt die Sorge, ja die Angst, jedes Gesprächsangebot könnte als Zeichen der Schwäche und Bereitschaft zum Nachgeben und Einknicken verstanden werden. Um das zu verhindern, werden die Reihen geschlossen und wird darauf geachtet, dass sie geschlossen bleiben. Das Misstrauen wächst, auch untereinander. Kommunikation an sich wird als Vorstufe zum Kompromiss verdächtigt. Frank Richter etwa, der im Januar 2015 als Direktor der Sächsischen Landeszentrale für politische Bildung das öffentliche Gespräch mit PEGIDA-Vertretern suchte und ihnen Räumlichkeiten für eine Pressekonferenz zur Verfügung stellte, zog dafür teils heftige Kritik auf sich. Bis heute haftet ihm in der Berichterstattung die keineswegs positiv gemeinte Bezeichnung »PEGIDA-Versteher« an.

Es ist paradox: Einerseits werden die Meinungsblasen beklagt, in denen man nur noch mit Menschen kommuniziere, welche die eigene Meinung teilten, und die aus den sozialen Netzwerken der virtuellen Welt längst in die reale Welt zurückwirken, andererseits wird sozial sanktioniert, wer aus den Meinungsblasen auszubrechen scheint. Wer versucht, sich ein umfassendes Bild zu machen und in unterschiedlichen Foren, Blogs oder Gruppen mitzulesen oder gar mitzuschreiben, muss damit rechnen, von verschiedenen Seiten in die jeweils andere Ecke sortiert zu werden. Die rasante Entwicklung von Facebook, Twitter und Co. hat ihren Teil dazu beigetragen. Als ich im November 2006 mein Facebook-Konto eingerichtet habe, war das noch eine ziemlich private Angelegenheit. Eine Möglichkeit der Kontaktpflege über große Entfernungen hinweg. Ein »Like« nicht zuletzt ein Hinweis darauf, dass man einen Beitrag zur Kenntnis genommen hatte. Heute gilt der »Daumen nach oben« als ein politisches Statement. An der falschen Stelle gesetzt, kann er politische Karrieren beenden. Die Möglichkeit, ein Like als eine Art Lesezeichen zu benutzen, etwa um über neue Postings verschiedener Parteien auf dem Laufenden gehalten zu werden, wird vornehmlich denen zugestanden, die sich beruflich damit befassen. Ansonsten wird Interessebekundung schnell schon mal mit Zustimmung und

Gesinnung gleichgesetzt: »Weißt du eigentlich, wen du so bei Facebook gelikt hast?«

Der argwöhnische Blick auf Like-Listen, man könnte zugespitzt von einer um sich greifenden gegenseitigen Überwachung reden, ist auch eine Folge der Gesetze der digitalen Medienwelt: Interesse erzeugt Aufmerksamkeit. Klicks werden gezählt und registriert und aus den Daten vergangenen Nutzerverhaltens Prognosen und Vorschläge für künftiges Nutzerverhalten generiert, kurz: Je öfter eine Seite oder ein Beitrag messbare Aufmerksamkeit erhalten, desto öfter werden sie anderen Nutzern zum Anklicken vorgeschlagen und umso rascher breiten sie sich aus. Insofern stellt ein Like unabhängig von den subjektiven Motiven seiner Nutzung objektiv eine Form der Unterstützung dar, denn durch die Filterblasen der sozialen Netzwerke und der Suchmaschinen über die Wahrnehmungsschwelle hinaus schafft es am ehesten ein solcher Beitrag, der bereits eine große Aufmerksamkeit hat. Wenn Facebook oder Google mir mitteilen, was mich interessieren könnte, handelt es sich um Dinge, für die sich meine Internetkontakte oder überhaupt viele Internetnutzer bereits interessiert haben. Interesse generiert Interesse. Wer also die Verbreitung einer (Meinungs-)Äußerung im Internet nicht fördern möchte, müsste sie eigentlich ignorieren. Durch Ignoranz kommt aber kein Gespräch zustande. Miteinander ins Gespräch zu kommen setzt die Bereitschaft zum Zuhören voraus. Sie entspringt viel mehr noch als dem Interesse an einer bestimmten Meinung dem Interesse an demjenigen, der diese Meinung äußert. Aber wenn ich jemanden zu verstehen versuche, verstehen möchte, warum er denkt, was er denkt, muss ich erst einmal hören, was er denkt.

Es kann sein, dass ich zu hören und zu reden versuche und dabei feststellen muss, dass mein Gegenüber gar nicht reden möchte. Dass ein Austausch von Argumenten, ein ernsthaftes Gespräch, an festgefügten und unverrückbaren Meinungen und Vorurteilen scheitert. Es gibt Menschen, die offenbar derart in der Idee gefangen sind, die bisherige Politik der von ihnen sogenannten »Altparteien« ziele darauf ab, Deutschland »abzuschaffen«, und diese würden dabei von systemtreuen »Mainstream-Medien« unterstützt, die Wahrheit über den Zustand des Landes und die Pläne für die Zukunft der Gesellschaft zu verschleiern, dass sie in der Tat auch jedes Gesprächsangebot als weiteren Versuch der Manipulation auffassen. Aber von derart ideologisch verbohrten Haltungen kann ich meine eigene Bereitschaft, zu hören und dann gegebenenfalls auch zu reden, nicht abhängig machen. Wenn es nämlich so sein sollte, dass diffuse Ängste vor großen aktuellen Problemen (Migration, Euro, Globalisierung) für viele Menschen zwar den Anlass bieten, populistische Parteien zu wählen, der eigentliche Grund jedoch ein auf vielen kleineren Erfahrungen ruhendes Gefühl ist, dass es nicht weitergeht wie bisher, viele Wähler populistischer Parteien also tatsächlich sind, was herkömmlich Protestwähler genannt wird, dann müssen wir zuhören und versuchen, miteinander zu reden.

Einander zuzuhören und miteinander zu reden bedeutet nicht, jede noch so krude Meinung zu akzeptieren. Wenn behauptet wird, nationalistische und rassistische Meinungen seien als Teil des politischen Diskurses zu akzeptieren, weil sie in der Bevölkerung vorhanden seien, ist dem zu widersprechen. Da die strafrechtlichen Grenzen der Meinungsfreiheit jenseits der Grenzen von Anstand, Sitte und Dummheit liegen, dürfen solche Meinungen selbstverständlich grundsätzlich geäußert werden. Aber das Recht auf freie Meinungsäußerung begründet weder einen Anspruch darauf, dass die geäußerte Meinung nicht kritisiert werden dürfte, noch ein Recht auf Meinungsgleichheit in dem Sinne, dass jede angesichts der Realität noch so abwegige Meinung in gleicher Weise ernst zu nehmen wäre wie eine wissenschaftlich fundierte Empfehlung. Es ist kein Zufall, dass noch jeder halbwegs erfolgreiche Populismus mit einem guten Schuss Wissenschaftskritik einhergeht. Als falsch oder gefährlich erkannte politische Meinungen dürfen geäußert, dürfen, ja müssen aber als solche benannt werden – auch in der Absicht, sie als nicht zielführend aus dem politischen Diskurs auszuschließen. Problematisch wird das, wenn die Unterscheidung zwischen Meinungen und den diese Meinungen äußernden Personen verschwimmt. Wenn nicht mehr über Meinungen diskutiert, sondern Gespräche, ja einfachste Höflichkeitsgesten wie Handschläge verweigert werden. Wenn trotz bester Absicht die Forderung »Keine Toleranz der Intoleranz« nicht zur Ausgrenzung von Intoleranz als Haltung führt, sondern Menschen ausgegrenzt werden, weil man sie für intolerant hält. Wenn sich erst einmal die Überzeugung verfestigt hat, dass der andere sich sowieso nicht ändern wird.

»Der ändert sich sowieso nicht« – eine solche Haltung anderen gegenüber ist nicht menschlich. Sie spricht dem Gegenüber die Freiheit ab, sich selbst und seine Standpunkte zu ändern. Das kann zur eigenen Unfreiheit führen, wenn man sich selbst nicht mehr die Möglichkeit zugesteht, mit einer Änderung des Gegenübers zu rechnen. In verfahrenen Situationen und verfestigten Konflikten zeichnen sich die Beteiligten aller Seiten oft eben nicht durch Freiheit, sondern durch erstarrte, geradezu reflexhafte Verhaltensmuster und mangelnde Freiheit zur Selbstkritik aus. In solche Situationen kommt erst dann Bewegung, wenn die eingefahrenen Verhaltensmuster durchbrochen werden. Im Zentrum der Weihnachtsgeschichte steht ein so nicht erwartbares Geschehen, das die Welt in Bewegung bringt, nämlich das Paradoxon der Menschwerdung Gottes, des Hereinbrechens der Ewigkeit in die Zeit. Dass das Tun des Unerwarteten Wirkung zeigt, man sich damit aber nicht nur Freunde macht, ist auch schon in der Bibel nachzulesen. In der Erzählung vom Zöllner Zachäus empört sich die Menge darüber, dass Jesus ein Tabu bricht, Zachäus vom Baum ruft und dann auch noch bei ihm einkehrt. Dass er sich einem zuwendet, mit dem sonst niemand etwas zu tun haben möchte. Jesus heißt in der Geschichte von Zachäus nicht gut, was der Zöllner getan hat. Aber er traut ihm zu, dass er sich ändern kann. Es braucht auch heute Menschen, die solches Vertrauen in die Menschlichkeit des anderen aufbringen. Und die selbst dort die Türen offen halten, wo Gespräche als sinnlos gelten.

Werft euer Vertrauen nicht weg,
welches eine große Belohnung hat.
Hebräer 10,35

Freiheit braucht Vertrauen

Das Christentum ist eine Religion der Freiheit. Für seine Kritiker und Verächter mag diese Aussage wie ein schlechter Scherz klingen, hat es im Laufe seiner Geschichte doch viele Male Probleme mit der Freiheit gehabt. Gesellschaftliche, politische und geistliche Freiheiten, die in der westlichen Welt heute selbstverständlich sind oder jedenfalls bislang selbstverständlich scheinen, mussten immer wieder auch gegen den Widerstand der Kirchen erkämpft werden. Schaut man auf die bald 2000-jährige Geschichte des Christentums zurück, ist der Satz des Paulus aus dem Galaterbrief »Zur Freiheit hat uns Christus befreit« (Galater 5,1) nicht nur während der Kreuzzüge hinter ein Prinzip zurückgetreten, das schon der Kirchenvater Augustin (354–430) gegen seinen eigentlichen Sinn einem Wort aus dem Lukasevangelium zu entnehmen dürfen meinte: »Geh hinaus auf die Landstraßen und an die Zäune und nötige sie hereinzukommen, dass mein Haus voll werde« (Lukas 14,23). Kritikern der Religion gilt nicht erst seit Marx gerade das Christentum als Beispiel für eine systematische Verhinderung von Freiheit und selbstständigem

93

Denken nach dem Motto: Glaubst du noch, oder denkst du schon?

Der freiheitliche Charakter des christlichen Glaubens, seine Betonung der Bedeutung des Einzelnen vor Gott, sein Potenzial, jede Form irdischer Macht zu hinterfragen, ist in der Geschichte in der Tat vornehmlich dann und dort sichtbar und wirksam geworden, wo er zu herrschenden Ideologien und Systemen in Opposition gestanden hat. Wie weit Kirche und Staat zusammenwirken können, ohne dass dieses Potenzial verschüttet wird, wird wohl erst am Jüngsten Tag entschieden sein. Christliches Leben vollzieht sich in einer Spannung zwischen der Hoffnung auf das Reich Gottes, die alles Irdische relativiert, und dem Wort Jesu, wonach dem Kaiser zu geben sei, was ihm zukomme (Markus 12,17). Christlicher Glaube vollzieht sich in der Spannung zwischen hier und dort, schon und noch nicht, der Welt, in der wir leben, und jener, die wir erhoffen. Glaube und Freiheit haben bei genauerer Betrachtung einen ganz wesentlichen Aspekt gemeinsam, und darum ist es vielleicht möglich, dass gerade der freiheitliche Staat beziehungsweise eine freiheitliche Gesellschaft vom Glauben lernen kann – und umgekehrt.

Glauben kann man nicht anordnen, Freiheit auch nicht. Beide beruhen auf Setzungen, die sich nicht empirisch erweisen lassen. Beide leben von einer Akzeptanz, die sich nicht erzwingen lässt. Darum stößt eine freiheitliche Gesellschaft auch notwendig an Grenzen, wenn sie zu Integration und Loyalität verpflichten will. »Ein Mensch sieht, was vor Augen ist; der HERR aber sieht das Herz an«, heißt es im 1. Buch Samuel. Wo Äußerlichkeiten zum Zeichen gelungener oder misslungener Integration erklärt werden, lässt sich die geforderte Loyalität auch vortäuschen. Wir können einander nicht in die Köpfe schauen. Eine freiheitliche Gesellschaft gewährt ihrem Begriff und Selbstverständnis nach schließlich auch die Möglichkeit, von angebotenen Freiheiten keinen Gebrauch zu machen, ja sogar, diese abzulehnen – jedenfalls solange die Ausübung dieser Freiheiten durch andere zumindest toleriert wird. Wie der Glaube ist also auch die Freiheit, wenn sie sich nicht selbst widersprechen will, kein Gebot, das befolgt werden muss, sondern ein Angebot, das angenommen werden kann. Glaube und Freiheit sind darauf angewiesen, Menschen zu überzeugen. Das ist beider Schwäche und Stärke zugleich.

Wenn dieser Gedanke im Westen des frühen 21. Jahrhunderts fremd erscheint, dann wohl deshalb, weil wir uns in den vergangenen Jahrzehnten an das Prinzip der Freiheit des Individuums unabhängig von Geschlecht, Herkunft oder Religionszugehörigkeit so sehr gewöhnt haben, dass wir es für selbstverständlich halten. Aber diese Freiheit wurde über Jahrhunderte mühsam erkämpft. Ob seit der Reformation oder schon etwas eher, als man in der Renaissance die Antike neu entdeckte, ob mit oder gegen die Absicht der Reformatoren, ob vielleicht erst seit dem Zeitalter der europäischen Aufklärung und ob mit oder gegen den (institutionalisierten)

Glauben, darüber dürfte im 500. Jubiläumsjahr der Reformation wieder viel geschrieben, diskutiert und gestritten werden. Beim Blick auf die Geschichte und die Gegenwart der Menschheit ist freilich schwer zu übersehen, dass das westliche Verständnis von persönlicher und individueller Freiheit relativ jung und allenfalls in seinem Anspruch, jedoch nicht in seiner faktischen Geltung universal ist.[46]

Glaube und Freiheit sind Wagnisse, es gibt weder jenen noch diese ohne Vertrauen, darum auch nicht ohne die Möglichkeit des Vertrauensbruchs, nicht ohne die damit verbundene Anfechtung des Zweifels, nicht ohne Risiko. Eine freiheitliche Gesellschaft lebt nicht zuletzt vom Vertrauen darauf, dass ihre Glieder die ihnen zukommende Freiheit nicht nur nicht gegen die Freiheit anderer, sondern zumindest in ihrer großen Mehrheit zum Wohle der Gesellschaft und für den Erhalt der Freiheit einsetzen. Im Begriff der Freiheit bleibt aber die Möglichkeit des Freiheitsmissbrauchs eingeschlossen. Man kann ihn sanktionieren, in letzter Konsequenz jedoch nicht ausschließen, ohne die Freiheit aufzugeben. Nach den Bluttaten des Sommers 2016 in Würzburg, München, Reutlingen und Ansbach wie auch nach der Verhaftung eines Tatverdächtigen nach dem Mord an einer Studentin in Freiburg im Herbst 2016 und dann wieder nach dem Anschlag in Berlin im Dezember waren unverzüglich Schuldzuweisungen zu hören: Diese Taten hätten nicht geschehen können, wenn man nicht so viele Migranten ins Land gelassen hätte. Das ist rein logisch ebenso richtig, wie es die Grundproblematik der Freiheit ausblendet. An der Grausamkeit dieser und anderer Taten gibt es nichts zu relativieren. Jeder Tod eines geliebten Menschen schmerzt, und wenn er zum gegebenen Zeitpunkt vermeidbar schien, sei es wegen eines Unfalls, einer lange nicht entdeckten und unbehandelten Krankheit oder einer Gewalttat, bei deren Entstehung beziehungsweise Ermöglichung auch Behördenversagen eine Rolle gespielt haben könnte, dann schmerzt er besonders. Ich habe oft genug an offenen Gräbern gestanden und erlebt, dass das »Warum« besonders hartnäckig nagt. Es verlangt nach Antworten, bei den Angehörigen von Unfallopfern freilich nicht weniger als bei jenen von Gewaltopfern.

2015 starben bei Verkehrsunfällen auf deutschen Straßen 3459 Menschen, die häufigste Ursache tödlicher Unfälle war überhöhte, nicht an die Verkehrslage angepasste Geschwindigkeit.[47] Rein logisch könnte man eine ganze Reihe Verantwortlicher auch neben dem jeweiligen unmittelbaren Verursacher ausmachen. Den Hersteller des Fahrzeugs, ohne das der Unfall nicht hätte herbeigeführt werden können. Den Menschen, der dem Fahrer den Schlüssel ausgehändigt hat. Den Tankstellenbetreiber, der ihm die letzte Tankfüllung verkaufte. Den Staat beziehungsweise die ihn vertretenden Politiker, die keine Vorschriften erlassen haben, die zu schnelles Fahren etwa durch den Einsatz entsprechender Elektronik unmöglich macht. Vielleicht wurde die entscheidende Unaufmerksamkeit aber auch durch unerlaubtes Hantieren mit dem

Smartphone verursacht. Dann wäre die Verantwortungskette logisch zumindest zurück bis zur Erfindung des Mobilfunks denkbar. An nahezu unzähligen Schaltstellen könnte man Opfer verhindern – wenn man denn wüsste, wer zu welchem Zeitpunkt die ihm gewährte Freiheit missbraucht, sei es ohne Absicht in Form einer Überschätzung eigener Fähigkeiten, sei es durch die bewusste Missachtung von Regeln und Geboten. Ein solches Wissen würde einen Überwachungsstaat orwellschen Ausmaßes voraussetzen – wobei dieser Staat in Orwells Roman »1984« seinen Bestand gerade nicht auf Sicherheit, sondern auf ein permanentes Unsicherheitsgefühl seiner Einwohner stützt.

Absolute Sicherheit gibt es nicht, der Versuch, sie herzustellen, geht am Ende immer auf Kosten der Freiheit. Sosehr nach einer durch einen Flüchtling oder einen Asylbewerber verübten Straftat die Frage nach dem Warum im Raume steht, so berechtigt die Frage nach Verantwortlichkeiten und Möglichkeiten, Wiederholungen zu vermeiden, und so nachvollziehbar der Gedanke »Hätte man ihn doch gar nicht erst einreisen lassen« ist, greift die Schlussfolgerung, die sogenannten »Gutmenschen« mit ihrer »Willkommenskultur« seien schuld, zu kurz. Denkt man sie zu Ende und geht dabei zu Recht davon aus, dass nicht nur jeder Täter, sondern auch jedes Opfer in gleicher Weise Beachtung verdient, also jedes Opfer eines zu viel ist, müsste man auch ein Verbot des Tourismus fordern. Knapp 32 000 Tatverdächtige des Jahres 2015 waren legal Durchreisende oder Touristen.[48] Zwar ist ein Tatverdächtiger nicht immer auch ein Täter, aber angesichts dieser Zahl wird man davon ausgehen können, dass jährlich Tausende von Straftaten nicht begangen werden könnten, wenn das Schengener Abkommen gekündigt und Deutschlands Grenzen nicht nur für Flüchtlinge und Migranten, sondern auch für Touristen geschlossen würden.

Der Logik derer folgend, welche die Taten einzelner Menschen auf ganze Gruppen übertragen, wäre es angesichts Tausender Toter und Hunderttausender Verletzter im Straßenverkehr eigentlich nur konsequent, eine erhebliche Einschränkung oder gar Abschaffung des Individualverkehrs zugunsten des statistisch erheblich sichereren öffentlichen Personenverkehrs einzufordern. Das tut meines Wissens jedoch niemand, und dass es dabei nicht um Freiheiten anderer, sondern um unsere eigenen Freiheiten geht, ist sicher nicht der eigentliche Grund. Wenn ich auch morgen wieder in mein Auto steige und von A nach B fahre, dann werde ich das vielleicht mit allerlei Sorgen, aber nicht mit Angst tun – nicht zuletzt deshalb, weil ich davon ausgehen werde, dass die anderen Verkehrsteilnehmer in aller Regel auch sicher von C nach D oder anderswohin fahren und ihr jeweiliges Ziel unversehrt erreichen wollen. Ich fahre mit Vorsicht, weil ich weiß, dass Menschen Fehler machen und sich überschätzen, aber ich bringe das Vertrauen mit, dass niemand darauf aus ist, mir oder jemand anderem absichtlich Schaden zuzufügen, obwohl er es rein faktisch könnte. Eine freiheitliche Gesellschaft funktioniert nicht ohne das grundsätzliche Vertrauen, dass mein Gegenüber weder seine Freiheit noch meine Arglosigkeit ausnutzt, um mir zu schaden. Insofern braucht Freiheit selbstverständlich Grenzen in Gestalt von geschriebenen und wenigstens ebenso sehr von ungeschriebenen Gesetzen in Form von Verhaltensregeln, auf deren Beachtung ich mich normalerweise verlassen kann. Aber Freiheit braucht eben auch Vertrauen, vor allem in die ungeschriebenen Regeln. Verlässlichkeit im Blick auf das, was man tut und was sich eben nicht gehört. Wer meint, die Grenzen des Anstands seien durch geschriebenes (Straf-)Recht definiert, und was durch dieses nicht verboten sei, »müsse man doch mal sagen dürfen«, hat eine wesentliche Grundlage einer freiheitlichen Gesellschaft vermutlich nicht verstanden, nämlich die Bereitschaft zur Selbstbeschränkung aus Respekt vor dem anderen. Wer Misstrauen fördert, kann nicht ehrlich davon sprechen, die Freiheit verteidigen zu wollen.

Jeder, jedenfalls jeder erhebliche Missbrauch von Freiheit nährt den Zweifel an der Freiheit selbst, im Extremfall bis das Vertrauen in die Freiheit und das Vertrauen in einen verantwortungsvollen Umgang mit ihr verloren gehen. Wenn der Ruf nach mehr und vor allem nationaler Kontrolle von Grenzen, wenn die Angst vor dem, was Globalisierung genannt wird, ein Zeichen verlorenen Vertrauens in die Freiheit als Grundprinzip einer im eigentlichen Sinne menschlichen Gesellschaft ist – und das gerade in Ländern, die sich noch vor drei Jahrzehnten die freie Welt nannten –, stellt sich die Frage, wie das noch vorhandene, vom Zweifel bedrängte Vertrauen gestärkt und verloren gegangenes Vertrauen wiedergewonnen werden kann.

Glaube wird geweckt und weitergegeben, indem von ihm erzählt wird. Im Alten Testament wird im 5. Buch Mose die Aufforderung, an die Geschichte des Glaubens erzählerisch zu erinnern, mit den Worten eingeleitet: »Wenn dich dein Kind morgen fragt …« – »Wenn dich dein Kind morgen fragt …«, nämlich nach den Grundlagen des Glaubens, dann erzähle von den Erfahrungen mit dem Glauben. Ganz im Sinne eines Ausspruchs von Oscar Wilde: »Glaubensbekenntnisse werden akzeptiert, nicht weil sie vernünftig sind, sondern weil sie wiederholt werden.« Immer wieder. Gerade in Zeiten des Zweifels. Vielleicht ist es mit der Freiheit ganz ähnlich. Vielleicht müssen wir mehr von der Freiheit erzählen. Davon, wie sie erkämpft wurde, welche Bedeutung sie für jeden von uns ganz persönlich hat und was die Freiheit bedroht. Nicht nur davon reden, welche Risiken die Freiheit mit sich bringt, sondern auch erzählen, warum sich das Wagnis Freiheit lohnt. Ein »Fürchtet euch nicht« vor der Freiheit, obwohl sie mit Risiken verbunden ist, aber auch mit einer großen Hoffnung: der Hoffnung auf eine menschliche Gesellschaft, frei von Furcht und Ausgrenzung.

Ich danke dem Herrn von ganzem Herzen und
erzähle alle deine Wunder.
Psalm 9,2

Freiheit braucht Dankbarkeit

Wer von Freiheit erzählen und Vertrauen in die Freiheit stärken will, braucht einen ehrlichen Blick auf die Welt und auf seine Mitmenschen. Ehrlich heißt, im Bewusstsein der Spannung zwischen Anspruch und Wirklichkeit. Es ist eine Binsenweisheit, dass nicht alles gut ist zwischen Himmel und Erde. Je nach Lebensperspektive kann sogar ziemlich viel schlecht sein. Und zur Ehrlichkeit gehört, Gutes gut und Schlechtes schlecht und Böses böse zu nennen. Damit der ehrliche Blick auf die Welt, der Gutes und Böses wahrnimmt und benennt, jedoch weder zum Fatalismus führt noch in Pessimismus und Depression endet, wird es ratsam und hilfreich sein, nicht nur das Schlechte (berechtigterweise) zu beklagen, sondern auch für das Gute zu danken. Über die Klage nicht den Dank zu vergessen, ist gute christliche und jüdische Gebetstradition. In den Psalmen des Alten Testaments ist immer wieder beides nebeneinander zu finden, schöpfen Beter in einer Notlage aus der Erinnerung an und dem Dank für vergangene Taten Gottes neue Hoffnung.

Nun ist es in einer religiös und weltanschaulich vielfältigen Welt und in einer zunehmend säkularisierten Gesellschaft, die Religionsfreiheit auch als Recht auf die Freiheit von Religion kennt, nicht möglich, Menschen zum Gebet zu verpflichten – und selbst aus religiöser Perspektive wäre das nicht sinnvoll, schließlich kann es in Glaubensfragen wie in Freiheitsfragen keinen Zwang geben. Schon die Frage, ob Christen, Juden und Muslime tatsächlich gemeinsam oder allenfalls nebeneinander für dieselbe Sache beten können, ist umstritten. Ob und wie nichtgläubige Menschen in solches Beten hineingenommen werden könnten, wäre noch einmal eine weitergehende Frage. Aber einer Gesellschaft, die sich verunsichert am Scheideweg stehen sieht und in der vielfältig über Kontrollverlust geklagt wird, könnte trotzdem helfen, was im Gebet geschieht.

Damit ist nicht gemeint, eine Gesellschaft möge versuchen, die Probleme und Herausforderungen, vor denen sie steht, einfach wegzubeten. Hinter einem solchen Ratschlag stünde doch eine reichlich naiv-magische Vorstellung vom Gebet, als einer Art Hebel oder »Enter«-Taste an einer Wunscherfüllungsmaschine namens Gott. Wer von einem Gebet einhundertprozentige Wunscherfüllung erwartet, wird in aller Regel enttäuscht werden. »Da hilft nur noch Beten!« – Wer diesen Satz ausspricht, mag vielleicht auf ein Wunder hoffen, was immer man darunter verstehen mag, gesteht sich aber ein, über eine gegebene Situation keine Kontrolle mehr zu haben, zum gewünschten Ausgang nichts oder jedenfalls nichts Entscheidendes beitragen zu können. Wer diesen Satz ausspricht, bringt die eigene Hilflosigkeit zum Ausdruck. Gerade im Zeitalter von »Just-in-time« und durchgeplanten Lebensläufen mag das schwer verdaulich sein. Niemand wird gerne daran erinnert, dass das Leben nicht ins Detail planbar ist, dass über Erfolg und Misserfolg dessen, was wir planen und tun, nicht wir allein entscheiden. Es ist ein Eingeständnis der Begrenztheit, also der eigenen Menschlichkeit.

Für einen realistischen Blick auf die Welt kann es darum auch unabhängig von der persönlichen Einstellung zu Glaubensfragen helfen, die Gegenwart mit den Augen eines Beters zu sehen, der im Gebet Klage und Lob vor Gott bringt. Im Klagen scheinen wir insgesamt ganz gut zu sein. Klagen kommen uns schnell über die Lippen, wie auch Feststellungen, was wir denn alles nicht wollen. Das Lob und der Dank geraten darüber oft in Vergessenheit. Was funktioniert und gut läuft, ist kaum einer Nachricht wert. Missstände, Fehler, Katastrophen und Skandale beherrschen die Schlagzeilen. Im Gebet hat aber auch das Gelingende seinen berechtigten Platz, nicht um die Welt schönzureden, sondern um die schönen Seiten nicht zu übersehen und gar in Pessimismus und Depression zu verfallen.

Auf unsere Gesellschaft angewandt, heißt das: Ja, manches läuft schief, einiges sogar gewaltig. Die soziale Komponente der sozialen Marktwirtschaft hat ganz erhebliche Kratzer bekommen – mancher geht so weit zu sagen, dass sie de facto nicht mehr existiert. Die Zahl der Wohnungslosen ist in den letzten Jahren deutlich gestiegen. Auch der Mindestlohn steigt, aber selbst bei 8,84 Euro pro Stunde deckt er sogar bei Vollzeitarbeit kaum den Existenzbedarf eines Erwachsenen, von dem einer Familie ganz zu schweigen. Nach Berechnungen der Bundesregierung würde er bei Beschäftigten, die ihr Arbeitsleben lang auf diesem Lohnniveau arbeiten, zu Altersrenten unterhalb des Grundsicherungsniveaus führen.[49] Die Wirtschaft wächst, die Arbeitslosenzahlen sinken, aber ungefähr jedes siebte Kind wächst in Deutschland in Familien auf, die Hartz IV beziehen. Seit Jahren wird davor gewarnt, dass sich Armut verfestigt. Auf die Frage, warum er denn, obwohl offensichtlich nicht dumm, ebenso offensichtlich vollkommen lustbefreit in der Schule sitze, antwortete mir einmal ein Schüler: »Wieso? Ich werde doch eh mal Hartz IV!« Und keiner in der Klasse hat gelacht ...

»Die Menschlichkeit einer Gesellschaft zeigt sich nicht zuletzt daran, wie sie mit den schwächsten Mitgliedern umgeht.« Dieser Satz Helmut Kohls aus dem letzten Jahr seiner Kanzlerschaft[50] ist heute nicht weniger aktuell als vor bald 20 Jahren. Damals wie heute scheiden sich die Geister an der Frage, wer die Schwächsten sind beziehungsweise wer so schwach ist, dass ihm geholfen werden muss – und wie das dann zu geschehen hat. Armut gilt als wichtiger Indikator für Schwäche und Benachteiligung, insbesondere dann, wenn man die Schere zwischen Arm und Reich immer weiter auseinandergehen sieht. Doch auch hier gilt, dass je nach Interpretation der Statistiken eine wachsende Ungleichheit beklagt oder bestritten wird. Nach der Veröffentlichung des vom Paritätischen Gesamtverband herausgegebenen Armutsberichts 2016 war im STERN von einer »immer größere[n] Kluft zwischen Arm und Reich in Deutschland«[51] zu lesen, während ein taggleicher Bericht der WELT den Titel »Das Märchen von der Kluft zwischen Arm und Reich«[52] trug. Blickt man über Deutschlands Grenzen hinaus, muss man gar nicht sehr weit schauen, und die Armen bei uns wirken wieder relativ wohlhabend – was den Betroffenen freilich wenig nutzt. Fehlende Bildungschancen sind ein weiterer Indikator, der mit dem Faktor Armut oft einhergeht. Alte Menschen können, müssen aber nicht schwach sein. Kranke Menschen, Flüchtlinge und (Waisen-) Kinder galten schon in biblischen Zeiten als schwach und in besonderer Weise des Schutzes der Gesellschaft bedürftig.

Vor der Umsetzung der Agenda 2010 war viel von der sozialen Hängematte die Rede, in die sich etliche Menschen hineinfallen ließen. Der Abstand zwischen erzielbarem Einkommen und Anspruch auf Sozialleistungen sei in vielen Fällen so gering, hieß es damals, dass die Motivation, einer Erwerbsarbeit nachzugehen, oft nicht mehr vorhanden sei. Ein Beitrag des ARD-Magazins »Panorama« vom Mai 2000 wird in der ARD Mediathek wie folgt angekündigt: »Wenn das soziale Netzt [sic!] flächendeckend als Hängematte benutzt wird, wenn sich viele, zu viele auf Kosten der Allgemeinheit ein bequemes Leben machen und die Regularien der Arbeits- und Sozialämter solchen Missbrauch allzu einfach gestalten, dann erweist sich der Wohlfahrtsstaat als Utopie.«[53] In der Absicht, diese »Hängematte« für all jene, die sich hineinfallen lassen wollten, unattraktiv zu machen, sind die Maschen so weit geworden, dass mitunter auch jene hindurchfallen, die auf Unterstützung angewiesen sind. Es ist das Vertrauen verloren gegangen, im Notfall von der Gemeinschaft aufgefangen zu werden.

Wo von staatlichen Sozialleistungen gesprochen wird, steht die Frage der Finanzierung im Raum. Doch so richtig der Hinweis ist, dass Geld nur verteilt werden kann, wenn es zuvor erarbeitet worden ist, so wenig kann er überzeugen, wenn festgestellt wird, dass insgesamt gesehen nie so viel Reichtum war wie heute. Wenn sich in den Nachrichten die Meldungen über sogenannte Reformen im Sozialstaat, die oft Leistungskürzungen oder Beitragserhöhungen bedeuten, mit Meldungen abwechseln, die über die jeweils neuesten Erkenntnisse bezüglich Steuervermeidungsstrategien berichten, und deutlich machen, dass sich die Politik in Europa vielleicht auf milliardenschwere Mechanismen für die Rettung von Banken oder auf Sicherheitsrichtlinien für die Errichtung und den Betrieb von Seilbahnen im Flachland[54] einigen kann, die Schließung von Steuerschlupflöchern jedoch immer wieder am Unvermögen oder am Unwillen der Verantwortlichen scheitert. Und wo der Eindruck entsteht, dass diejenigen, von denen erwartet wird, dass sie Maßnahmen durchsetzen, die den dieser Tage vielfach beschriebenen Sorgen vor dem sozialen Abstieg entgegenwirken, nichts tun können oder wollen, wachsen Angst und Misstrauen. Ein gängiger Einwand lautet, es könne nicht die Aufgabe eines Staates sein, seine Bürger mit einer Art Vollkaskopolitik die Sorgen vor den Gefahren des Lebens zu nehmen. Aber eine Gesellschaft, die an sich selbst den Anspruch stellt, menschlich zu sein, ein Land, in dem Humanität etwas gelten soll, muss die Möglichkeit des Missbrauchs von Hilfsangeboten hinnehmen als Preis dafür, dass niemand, der tatsächlich Hilfe benötigt, »hinten runterfällt«. Es gibt Existenzängste, gegen die man sich nicht absichern kann. Ein Staat kann seinen Bürgern weder ein langes, gesundes Leben garantieren noch beruflichen und wirtschaftlichen Erfolg. Aber wenn es, wie in der Präambel zur Allgemeinen Erklärung der Menschenrechte formuliert, das höchste Bestreben der Menschheit sein soll, eine Welt zu schaffen, in der Rede- und Glaubensfreiheit herrschen und in der Menschen frei von Not und frei von Furcht leben können, dann muss eine menschliche Gesellschaft alles daransetzen, Ängste abzubauen, anstatt sie noch zu schüren.

So weit die Klage. Die Aufzählung ließe sich problemlos erweitern, nicht nur um marode Brücken, bröckelnde Schulgebäude oder eine Europa- und Migrationspolitik, die Solidarität in erster Linie dann fordert, wenn man selbst der Solidarität anderer bedarf. Die Jugendarbeitslosigkeit vor allem im Süden Europas ist ein Skandal, dass Menschen beim Versuch, die Europäische Union über das Mittelmeer zu erreichen, ertrinken, ist eine Schande für eine Staatengemeinschaft, die zu den wohlhabendsten der Welt gehört und sich über die Gewährung von Freiheiten definiert. Es gibt viel zu tun. Und noch mehr.

Nun aber das Lob und der Dank. Die gute Nachricht: Der Skandal der vielen ungelösten Probleme ist ja nicht zuletzt deswegen so groß, weil die Voraussetzungen dafür, sie zu bekämpfen, objektiv betrachtet nie besser als heute gewesen sind. An fehlendem Geld kann es eigentlich nicht liegen. Europa ist, bei allen regionalen Unterschieden, eine der wohlhabendsten, sichersten und freiesten Regionen der Erde. Gerade darum wollen ja auch so viele Menschen hierher, darum ist Europa für sie ein Sehnsuchtsort. Seit inzwischen mehr als sieben Jahrzehnten hat es in Europa keinen großen Krieg gegeben. Die Kriege im unterdessen ehemaligen Jugoslawien haben vor Augen geführt, wie schnell sich das ändern kann. Und wie wichtig die Kommunikationswege sind, die in den letzten 60 Jahren etabliert wurden. Sie sind sicher verbesserungsfähig, aber sowohl die Euro- als auch die Flüchtlingskrise belegen weniger einen Mangel an Kommunikation als das Unvermögen, sich trotz Kommunikation zu einigen. Man redet viel und regelmäßig. Manchmal vielleicht zu viel und zu lange ohne konkrete Ergebnisse. Aber man redet, man schießt nicht mehr aufeinander. Wenn man sich die Geschichte unseres Kontinents ansieht, ist das ein gewaltiger Fortschritt, der auch mit gewachsenem Vertrauen zu tun hat.

Auch in Deutschland läuft bei aller berechtigten Kritik mitnichten alles schlecht. Vielleicht waren die chaotischen Bilder auf dem Höhepunkt der Flüchtlingskrise 2015 und die Angst vor einem Kontrollverlust auch deshalb so irritierend, weil wir solche Situationen zum Glück kaum kennen. Wir sind es gewohnt, dass die Dinge des täglichen Bedarfs, dass Versorgung und Infrastruktur funktionieren. Die Erwartungen an das reibungslose Funktionieren des Staates und seiner Organe gehen so weit, dass noch in der Katastrophe Ordnung erwartet wird. Im Spätsommer und Herbst 2015 war im Zusammenhang mit den Flüchtlingsbewegungen von katastrophalen Zuständen die Rede. Es wurde beklagt, die Behörden seien darauf nicht vorbereitet gewesen. Genau das macht freilich den Unterschied zwischen einer Katastrophe und einem »normalen« Ereignis aus: dass es sich um eine Ausnahmesituation handelt, in der die eigentlich zuständigen Behörden die anstehenden Aufgaben nicht bewältigen können.[55] Zur eingetretenen Katastrophe gehört die Feststellung eines Kontrollverlustes also ebenso wie die Notwendigkeit, das mit dem Unvorhersehbaren einhergehende Chaos zu bewältigen. Das ist im und seit dem Herbst 2015 dann auch geschehen. Sicher: Je mehr das Chaos bewältigt wurde, desto deutlicher ist auch geworden, dass das Chaos auch ausgenutzt wurde. Ausgenutzt von Menschen, die nur vorgaben, aus Kriegsgebieten zu kommen. Von Menschen, die sich mehrere Identitäten zulegten, um mehrfach Sozialleistungen zu beantragen. Und auch von Menschen, die mit dem Entschluss nach Deutschland gekommen sind, Gewalttaten zu verüben. Menschen, die als Trittbrettfahrer die Not der Hilfsbedürftigen und die Hilfsbereitschaft der Helfer ausnutzen. Das zu verhindern wäre wohl nur um den Preis des Nichthelfens möglich gewesen. Oder mittels eines wahrlich radikalen Umsteuerns in der Migrationspolitik hin zu einer tatsächlich gemeinsamen und solidarischen europäischen Lösung. Gleichwohl bleibt festzuhalten: Alle, die kamen, hatten am Ende ein Dach über dem Kopf. Niemand ist erfroren. Darüber sollte man sich eigentlich freuen. Aber es fällt uns offenbar schwer, auf die Bewältigung des Chaos stolz zu sein. Wir erwarten, dass es gar nicht erst zu Chaos kommt.

Wir kritisieren an einem Gesundheitssystem herum, das sicher an vielen Stellen besser und effizienter gemacht werden könnte, das die meisten Menschen auf unserem Planeten aber sofort gegen das ihre eintauschen würden. Wir haben ein Bildungssystem, dessen Absolventen nicht regelmäßig überschuldet ins Berufsleben starten. Ein funktionierendes Rechtssystem. Ein politisches System, in dem sich seit Jahrzehnten durch eingespielte Abläufe Regierungswechsel reibungslos vollziehen. Eine Wirtschaft, die relativ selten mit Streiks zu kämpfen hat. Alles in allem Grundlagen und Ressourcen, mit denen gestaltet werden können sollte, ohne vorher Tabula rasa machen zu müssen. Wenn es um Gebäude aus Stein geht, mögen Abriss und Neubau bisweilen günstiger als ein Umbau sein. Ein Staat und eine Gesellschaft sind aber nichts, was man eben mal abreißen und neu aufbauen könnte. Da bleibt nur der Umbau bei laufendem Betrieb. Auch wenn das Ergebnis nie perfekt sein wird.

Barmherzig und gnädig ist der Herr,
geduldig und von großer Güte.
Psalm 103,8

Freiheit braucht Gnade

Kein Mensch ist perfekt. Selbst Petrus, der erstberufene Jünger Jesu, den er den Felsen nannte, auf den er seine Kirche bauen wolle, ein Verheißungswort, auf das sich das Papsttum bis heute beruft, war es nicht – er verleugnete Jesus vor dem Hahnenschrei. Eine menschliche Gesellschaft, die einen menschlichen Umgang miteinander fördern will, muss sich darum immer wieder der Bedeutung von Gnade bewusst werden, denn sie weiß um die Fehleranfälligkeit ihrer selbst und ihrer Glieder. Sie weiß auch um die Unmöglichkeit, alle Eventualitäten des Lebens im Vorhinein rechtlich zu regeln. Da Freiheit immer auch Freiheit zum Fehler ist, wird eine menschliche Gesellschaft der Angst vor Fehlern entgegentreten, weil eine solche Angst nicht nur ein schlechter Ratgeber ist, sondern lähmt. Eine menschliche Gesellschaft braucht die Bereitschaft zum gnädigen Blick auf den anderen, der ja auch nur ein Mensch ist. Gnädig heißt, die Bereitschaft zu zeigen, den anderen nicht an seinen Fehlern festzumachen, und zwar aus dem Bewusstsein heraus, selbst ebenfalls fehleranfällig zu sein. Eine solche Haltung bewahrt vor der Absolutsetzung des eigenen Standpunkts und ermöglicht so die Freiheit zum echten Wettbewerb einander respektierender Meinungen. Eine Freiheit, die auch Bereitschaft zur Vielfalt erfordert: Wenn ein Mensch anders ist oder etwas anders tut als ich, ist das vielleicht nicht falsch, sondern nur eine von unzähligen möglichen richtigen Varianten. Es ist die große Stärke einer freiheitlichen Gesellschaft, aus dieser Vielzahl von Möglichkeiten auszuwählen, an ihnen zu lernen und durch sie wachsen zu können.

Sie wurden alle erfüllt von dem Heiligen Geist und fingen an zu
predigen in andern Sprachen, wie der Geist ihnen gab auszusprechen.
Apostelgeschichte 2,4

Freiheit braucht Mut zur Vielfalt

Jeder Mensch ist ein anderes Land – so lautet ein afrikanisches Sprichwort. Dieser Lebenserfahrung entspricht die christliche Glaubensüberzeugung, dass jeder einzelne Mensch vor Gott zählt – als unverwechselbares Individuum und mit unverlierbarer Würde. Die damit verbundene Freiheit der Individuen führt notwendig dazu, dass wir als Menschheit ein ziemlich bunter Haufen sind. Jeder ist anders, ich bin es auch – und das ist gut so. Vielfalt, die mit ihr einhergehenden Differenzen, aber auch die Möglichkeit des Fehlers gehören zum Menschsein dazu. Eine homogene Gesellschaft ist zumindest langfristig unmenschlich, denn sie muss Abweichungen und Differenzen entweder unterdrücken oder ausschließen. Eine menschliche Gesellschaft, in der Unterschiede nebeneinander gelebt werden können, erfordert dementsprechend Toleranz, Rücksicht und Empathie.

Wie schwierig es sein kann, Differenzen zu ertragen, davon wusste schon der Apostel Paulus ein Lied zu singen beziehungsweise Briefe zu schreiben. Über allerlei Dinge wurde in seinen Gemeinden leidenschaftlich gestritten. Die Kirche gibt es trotzdem noch, weil sie sich durch den einen Geist Gottes verbunden weiß, über Sprachgrenzen hinweg – die Sprachenvielfalt blieb am Pfingsttag erhalten. Christen sind (hoffentlich) eines Geistes, aber nicht ein Geist.

Für die Gestaltung einer menschlichen Gesellschaft erwächst daraus die Frage nach dem, was uns verbindet. Sofern eine menschliche Gesellschaft eine freiheitliche Gesellschaft sein will oder sein muss, greift der Verweis auf Äußerlichkeiten oder fixierte Normen zu kurz. Auch hier geht es am Ende um Geist. Wem dieser Begriff für eine freiheitliche Gesellschaft zu sehr religiös aufgeladen erscheint, der sei an die verbreitete Rede vom Teamgeist erinnert. Der Geist, der eine freiheitliche Gesellschaft zusammenhalten kann, kann nur ein Geist der Freiheit sein. Wer sich hier auf christliche Traditionen berufen, gar sie verteidigen zu wollen behaupten möchte, muss die Freiheit gegen die Angst stark machen. Von Freiheit erzählen und Freiheit vorleben. Aufzeigen, dass Freiheit dort erfahrbar und greifbar wird, wo die Fesseln des Misstrauens fallen, wo Vertrauen geschenkt und aus Angstspiralen ausgebrochen wird. Wo Menschen frei werden, einander ohne Angst zu begegnen und Vertrauen zueinander wachsen zu lassen. Es beginnt mit der Weihnachtsbotschaft – Gott wird Mensch, also habt Vertrauen in das Menschsein: Fürchtet euch nicht!

Anmerkungen

Weihnachten

1 »Die vier existenziellen Herausforderungen für die EU«
  (https://www.welt.de/politik/ausland/article135926230/
  Die-vier-existenziellen-Herausforderungen-fuer-die-EU.
  html). Diese waren demnach schon damals die Beziehun-
  gen zu Russland, die Flüchtlingskrise, die Europaskepsis
  und der Euro.

Freiheit und Sicherheit

2 Freier Verkehr von Waren, Personen, Dienstleistungen
  und Kapital zwischen den Mitgliedsstaaten der Europäischen Union, geregelt im »Vertrag über die Arbeitsweise
  der Europäischen Union« (AEUV)

3 Wie unaufgebbar dieser Kern tatsächlich ist, werden die
  »Brexit«-Verhandlungen zeigen. Der britische Außen-
  minister Boris Johnson hat die Personenfreizügigkeit als
  Grundpfeiler der EU bereits als »absoluten Mythos« abge-
  tan.

4 Um keine Missverständnisse aufkommen zu lassen: Ich halte die freiheitliche Demokratie in Verbindung mit einer sozialen Marktwirtschaft für die beste Gesellschaftsordnung, die Menschen bislang hervorgebracht haben. Aber sie ist nicht der sprichwörtliche Himmel auf Erden und schon gar nicht das biblische Paradies. Wie jede von Menschen erdachte und gelebte Ordnung ist und bleibt sie verbesserungsfähig. Insbesondere über den Zustand der sozialen Komponenten der sozialen Marktwirtschaft lässt sich derzeit kräftig streiten.

5 »Kulturelle Ressentiments – Feindbild Ostler«. Eine Kolumne von Jan Fleischhauer, http://www.spiegel.de/politik/deutschland/kolumne-jan-fleischhauer-der-ostdeutsche-das-feindbild-a-1116975.html

6 Wilhelm von Humboldt, »Ideen zu einem Versuch, die Grenzen der Wirksamkeit des Staats zu bestimmen« (entstanden 1792, erstmals publiziert 1851), Kapitel 4 (http://gutenberg.spiegel.de/buch/ideen-zu-einem-versuch-die-grenzen-der-wirksamkeit-des-staats-zu-bestimmen-2640/4)

Angst

7 Zum Beispiel http://www.spiegel.de/politik/deutschland/rassismus-in-sachsen-sichtbarer-hass-gegen-fluechtlinge-a-1078634.html

8 Siehe Jahresbericht 2016, S. 10 f.

9 Siehe Michael Hanfeld, »In Sachsen nichts Neues?«. F.A.Z. vom 15.10.2016 (http://www.faz.net/-gqz-8me39)

10 So etwa Petra Bahr in »Christ & Welt« (http://www. zeit.de/2016/44/sachsen-failed-state-kolumne-bahr) am 21.10.2016 oder Cornelius Pollmer in der SZ vom 24.10.2016 (http://www.sueddeutsche.de/politik/sachsen-im-land-der-trottel-1.3218074)

11 Der Brockhaus in fünf Bänden, Bd. 1. Leipzig, 8. Aufl. 1993, S. 99

12 Migrationsbericht 2014, S. 238

13 Zum 31.12.2015 weist die Statistik 5857 Ausländer bei einer Gesamtbevölkerung von 50 035 aus (https://www.bergka-men.de/einwohnerzahlen-rat.html; zuletzt abgerufen am 28.10.2016).

14 Siehe http://www.schaefer-bergkamen.de/integration. htm#1; zuletzt abgerufen am 29.10.2016

15 Einen Überblick dazu bietet die Bundeszentrale für politi-sche Bildung: http://www.bpb.de/geschichte/deutsche-ge-schichte/anwerbeabkommen/

16 DER SONNTAG. Wochenzeitung für die Evangelisch-Lu-therische Landeskirche Sachsens, Nr. 43/2016, S. 3

17 Im Europäischen Parlament sind sie vor allem in den Frak-tionen »Europa der Nationen und der Freiheit« (ENF; http://www.enfgroup-ep.eu/) sowie »Europa der Freiheit und der direkten Demokratie« (EFDD; http://www.efdd-group.eu/) versammelt. Die AfD ist in beiden Fraktionen

mit je einem Abgeordneten vertreten. Die meisten Abgeordneten der ENF stellt der Front National (FN) aus Frankreich, daneben gehören dieser Fraktion unter anderem Abgeordnete aus Italien (Lega Nord), den Niederlanden (PVV) und Österreich (FPÖ) an. Die EFDD besteht im Wesentlichen aus Abgeordneten der britischen UKIP sowie des italienischen MoVimento 5 Stelle (»Fünf-Sterne-Bewegung«).

18 Angesichts ihrer Wahlerfolge in jüngerer Zeit sind hier zunächst SYRIZA aus Griechenland oder Podemos aus Spanien zu nennen. Beide gehören im Europäischen Parlament der Konföderalen Fraktion der Vereinten Europäischen Linken/Nordischen Grünen Linken (GUE/NGL; http://www.guengl.eu/) an, deren meiste Abgeordnete von der Partei DIE LINKE aus Deutschland gestellt werden.

Wut

19 http://www.spiegel.de/politik/deutschland/stuttgart-21-raeumung-buergerkrieg-im-schlossgarten-a-720581.html (zuletzt abgerufen am 02.11.2016)

20 Siehe Dirk Kurbjuweit, »Der Wutbürger«. DER SPIEGEL 41/2010, S. 26 f., sowie die Pressemitteilung der Gesellschaft für deutsche Sprache vom 17.12.2010 (http://gfds.de/wutbuerger-zum-wort-des-jahres-2010-gewaehlt/; zuletzt abgerufen am 02.11.2016)

21 http://www.duden.de/rechtschreibung/Wutbuerger (zuletzt abgerufen am 02.11.2016)

22 Kurbjuweit, »Der Wutbürger«. DER SPIEGEL 41/2010, S. 26

23 http://edition.cnn.com/2016/10/20/politics/donald-trump-i-will-totally-accept-election-results-if-i-win/index.html (zuletzt abgerufen am 02.11.2016)

24 Thomas Petersen, »Die Welt der Wutbürger«. FAZ 114/2016 (18.05.2016), S. 8

25 Vgl. L. Annaeus Seneca, De ira/Über die Wut, Stuttgart 2007, 1,18,1–2; 2,16,1 u.ö.

26 Kurbjuweit, »Der Wutbürger«. DER SPIEGEL 41/2010, S. 27

27 FAZ 114/2016 (18.05.2016), S. 8

28 Programm für Deutschland. Das Grundsatzprogramm der Alternative für Deutschland, https://www.alternativefuer.de/wp-content/uploads/sites/7/2016/05/2016-06-27_afd-grundsatzprogramm_web-version.pdf (zuletzt abgerufen am 07.11.2016), S. 6

29 »Die Allmacht der Parteien und deren Ausbeutung des Staates gefährden unsere Demokratie. [...] Die Abgeordneten unserer Parlamente haben ihre Funktion als Mandatare der Bürger verloren. Ihre Loyalität gilt zuerst der politischen Partei, der sie angehören. Von ihr erhalten sie ihre Wahlchancen, und ihre Wahl sichert typischerweise ihren Lebensunterhalt. Mit dieser Abhängigkeit von der Partei

geht die Entfremdung vom Wähler einher.« (Grundsatzprogramm der AfD, S. 11)

30 »Heimlicher Souverän ist eine kleine, machtvolle politische Führungsgruppe innerhalb der Parteien. Sie hat die
Fehlentwicklungen der letzten Jahrzehnte zu verantwor-
ten. [...] Es handelt sich um ein politisches Kartell, das die
Schalthebel der staatlichen Macht, soweit diese nicht an
die EU übertragen worden ist, die gesamte politische Bildung und große Teile der Versorgung der Bevölkerung mit
politischen Informationen in Händen hat.« (Grundsatzprogramm der AfD, S. 8)

31 So in einem Post auf der Facebookseite der AfD-Bund mit
dem Titel »Eine Diktatur gehört nicht zu Europa« vom
03.11.2016

32 So laut einem Bericht der Zeitung DIE WELT vom
03.11.2016 (https://www.welt.de/politik/deutschland/ar-
ticle159222047/Familiennachzug-von-Fluechtlingen-Nicht-
mit-der-AfD.html) in einem am 02.11.2016 vom AfD-Frak-
tionsvorsitzenden im Berliner Abgeordnetenhaus und
Bundesvorstandsmitglied Georg Pazderski vorgestellten
Grundsatzpapier zur Flüchtlingspolitik

Vergeblichkeitserfahrungen

33 So eine Schlagzeile des Tagesspiegel am 09.11.2016; http://
    www.tagesspiegel.de/politik/donald-trump-wird-us-pra-
    esident-die-rache-der-weissen-maenner/14816024.html

34 Patrick Stotz, »Es waren nicht nur alte, weiße Männer«,
    http://www.spiegel.de/politik/ausland/donald-trump-
    und-seine-waehler-es-waren-nicht-nur-alte-weisse-maen-
    ner-a-1120865.html

35 So laut ZEIT ONLINE vom 30.11.2016 auch wieder das Er-
    gebnis einer Forsa-Umfrage; http://www.zeit.de/politik/
    deutschland/2016-11/afd-waehler-geringverdiener-spd-
    die-linke-forsa-umfrage

36 Nach den Attentaten in Paris und Brüssel wurde bekannt-
    lich die Sorge laut, es könnten sich hierzulande in Großstäd-
    ten ebensolche Ghettos wie dort bilden. Zudem wurde auf
    die Notwendigkeit hingewiesen, die überproportional ho
    hen finanziellen Belastungen der Großstädte durch Sozial-
    ausgaben infolge von Flüchtlingszuzügen zu begrenzen.

37 Siehe z. B. http://www.mdr.de/sachsen/wohnsitzauflage-
    fuer-anerkannte-asylbewerber-in-sachsen-100.html

Ernsthaft?

38 Ephraim Kishon, »Der seekranke Walfisch – Der Fuchs im
    Hühnerstall«. München 1993

39 Kürzlich wieder komplett und nicht nur in der Kurzform

>Satire darf alles« abgedruckt in Heiko Werning, Volker Surmann (Hrsg.), »Ist das jetzt Satire oder was? Beiträge zur humoristischen Lage der Nation«. Berlin 2015

40 a.a.O., S. 124

41 http://www.zeit.de/kultur/2016-07/deutschland-beleidigt-sein-debattenkultur-empfindlichkeit-polemik (zuletzt abgerufen am 03.11.2016)

42 a.a.O.

Hoffnung

43 Vgl. auch die Ausführungen auf Seite 106 ff.

44 »Als unser Herr und Meister Jesus Christus sagte: ›Tut Buße, denn das Himmelreich ist nahe herbeigekommen‹, wollte er, dass das ganze Leben der Glaubenden Buße sei.« (https://www.ekd.de/glauben/95_thesen.html)

»Fürchtet euch nicht!«

45 In der Erkenntnis, vorläufig nur glauben, aber nicht wissen zu können, welche Religion die richtige sei, und daraus die Aufgabe eines friedlichen Umgangs miteinander abzuleiten, liegt auch die Pointe der »Ringparabel« aus Lessings »Nathan der Weise«.

Dialog

46 Dessen ist sich auch die am 10. Dezember 1948 von der Ge-
neralversammlung der Vereinten Nationen verabschie-
dete Allgemeine Erklärung der Menschenrechte bewusst,
wenn sie in ihrer Präambel die Menschenrechte selbst
nicht als Faktum, sondern »als das von allen Völkern und
Nationen zu erreichende gemeinsame Ideal« verkündet (http://www.ohchr.org/EN/UDHR/Pages/Language.
aspx?LangID=ger)

Freiheit braucht Vertrauen

47 Pressemitteilung des Statistischen Bundesamtes vom
12. Juli 2016 (https://www.destatis.de/DE/PresseService/
Presse/Pressemitteilungen/2016/07/PD16_242_46241.ht
ml;jsessionid=ECC67B46A6375C0825B12D8F4F5F6554.
cae3)

48 Polizeiliche Kriminalstatistik 2015 (https://www.bka.de/
SharedDocs/Downloads/DE/Publikationen/Polizeiliche-
Kriminalstatistik/2015/Standardtabellen/Tatverdaechtige/
tb61_TatverdaechtigeNichtdeutschAnlassAufenthalt ex-
cel.xlsx?__blob=publicationFile&v=3)

49 So in einer Antwort auf eine kleine Anfrage des Abgeordneten Klaus Ernst (DIE LINKE) vom 19.04.2016 (Bundestagsdrucksache 18/8191 vom 22.04.2016, S. 20; http://dipbt.bundestag.de/doc/btd/18/081/1808191.pdf). Der Hinweis aus dem Bundesministerium für Arbeit und Soziales, dabei seien eine zusätzliche Altersvorsorge und weitere Einkünfte im Alter nicht berücksichtigt, wäre nur dann hilfreich, wenn er Vorschläge enthielte, wovon ein Arbeitnehmer am Existenzminimum nennenswert private Vorsorge betreiben soll.

50 Im Rahmen einer Rede anlässlich des 13. Ordentlichen Bundesverbandstages des Verbandes der Kriegs- und Wehrdienstopfer, Behinderten und Rentner Deutschland e.V. in Bonn am 15. Mai 1998 (http://www.helmut-kohl-kas.de/index.php?menu_sel=17&menu_sel2=&menu_sel3=&menu_sel4=&msg=1775)

51 http://www.stern.de/wirtschaft/geld/armut--schere-zwischen-arm-und-reich-oeffnet-sich-6712890.html (zuletzt abgerufen am 22.11.2016)

52 https://www.welt.de/wirtschaft/article152569126/Das-Maerchen-von-der-Kluft-zwischen-Arm-und-Reich.html (zuletzt abgerufen am 22.11.2016)

53 http://daserste.ndr.de/panorama/media/haengematte4.html (zuletzt abgerufen am 05.12.2016)

54 Richtlinie 2000/9/EG des Europäischen Parlaments und

des Rates vom 20. März 2000. Dass aufgrund dieser Richtlinie zum Beispiel auch das Land Bremen seit Oktober 2004 ein Seilbahngesetz hat, liegt freilich nicht an der Boshaftigkeit, geografischem oder logischem Unvermögen der EU-Bürokratie, sondern daran, dass die Umsetzung der Richtlinie in Gestalt eines Bundesgesetzes, das dann selbstverständlich auch an der Nordseeküste Geltung gehabt hätte, nicht möglich war, da Nahverkehr in die Kompetenz der Bundesländer fällt (siehe DIE WELT vom 09.10.2004 [https://www.welt.de/print-welt/article345254/Bremen-beschliesst-auf-Druck-der-EU-neues-Seilbahngesetz.html]).

55 Siehe § 2 Abs. 1 des Katastrophenschutzgesetzes für Berlin: »Katastrophen im Sinne dieses Gesetzes sind Großschadensereignisse, die zu einer gegenwärtigen Gefahr für das Leben oder die Gesundheit einer Vielzahl von Menschen, für die Umwelt oder für sonstige bedeutsame Rechtsgüter führen und die von den für die Gefahrenabwehr zuständigen Behörden mit eigenen Kräften und Mitteln nicht angemessen bewältigt werden können.«